カエサル

——内戦の時代を駆けぬけた政治家

小池和子
Wako Koike

岩波新書
1841

まえがき

ユーリウス・カエサルが、ローマ人として最もよく知られた人物の一人であることは間違いないだろう。彼の人生は華々しいエピソードに溢れ、かつ、折々に残した(とされる)名文句に彩られている。多くの人が彼が暗殺されたことを知っているだろうし、『ガリア戦記』の名も聞いたことがあるだろう。「骰子は投げられた」、「来た、見た、勝った」、そしてこれはシェイクスピアの創作だが、「ブルートゥス、お前もか」といった言葉も、定番の引用句としてしばしば目にするものである。

このシェイクスピアの『ジュリアス・シーザー』をはじめとして、カエサルを登場人物とした創作も数多い。その中には映画もあれば漫画もあり、枚挙にいとまがない。もちろんカエサルの伝記も、既にローマ時代から記されており、現在も、一般向けにせよ、学術的なものにせよ、数多くの例を見出すことができる。いざカエサルについて知ろうとするなら、情報過多の状況にあると言ってもよい。

このような状況の中で本書が目指すのは、新書というコンパクトな形態を生かし、カエサルに関する最も基本的で重要な事柄を整理して簡略に述べることである。また、カエサルをあまりにも突出させて描くのではなく――彼は既に、そのような扱いは十分に受けているだろう――当時のローマ社会で生きた人間の一人として書くことをなるべく心がけたい。そのため、歴史的背景や制度、習慣について、そしてカエサル以外の人物についても、比較的頻繁に触れることになる。

以下の各章は、基本的に年代順に配列されている。まず第一章では、カエサルの誕生から若年期(前七四年頃まで)を、第二章ではカエサルが公職歴を積み重ね、執政官に就任するに至った時期(前五九年まで)を扱う。第三章は、もっぱらカエサルのガッリア総督としての活動(ただし前五二年まで)の記述にあてる。第四章は、第三章と並行する時期のローマの状況をたどった後、カエサルと、ローマにいる彼の敵対者の対立が激化し、内戦へと進んでいく経過、そして、内戦そのものの終結までを扱う(前四五年春まで)。その後、ローマに帰ってきたカエサルが暗殺されるまでは終章で扱うが、その、彼の人生の最後の段階に進む前に、彼の著作について取り上げることにしたい(第五章)。

名高い『ガリア戦記』も、あるいは『内乱記』も、カエサルの人生を語る際には必須の資料である。しかし一般にカエサルの伝記においては、これらの作品そのものについての章を設けることは多くないと思われる。前述のように、本書は基本的な事柄の整理と提示に徹するものであり、内容的に特に目新しいことはないが、カエサルの作品を(現在は散逸したものについての多少の言及も含めて)独立して取り上げたことは、本書の特徴と言えるかもしれない。

本書では、各種の古典作品から引用を行うこと、また、人名や地名に触れることが、非常に頻繁にある。最後に、これらの引用や表記法の原則について説明しておきたい。

(一)古典作品からの引用は、原則として原典の文言を(日本語訳して)そのまま引用する場合に限り、箇所を明示した。これは引用箇所の表示が文中に溢れることを避けるためである。ご了解いただきたい。

(二)古代に記されたカエサルの二つの伝記、すなわちスエートーニウス『ローマ皇帝伝』「神君ユーリウス伝」とプルータルコスの『対比列伝』「カエサル伝」は、とりわけ頻繁に引用する作品である。そのため、第一章において両作品について紹介した箇所(二三〜二四頁)以後は、それぞれ「神君ユーリウス伝」、「カエサル伝」とする。

(三)「ガリア」、「内乱」という表記または用語は、カエサルの著作(『ガリア戦記』、『内乱記』)についてのみ用い、その他は「ガッリア」、「内戦」とする。

(四)都市名、地域名(島も含む)は古代の名称をそのまま用いた。ただし都市名については、現代の都市とのつながりを特に示したい場合に、現代の名称を併記することもある。また、「エジプト」と「アフリカ」は現代の名称を用いた。

（五）地形（河川、湖沼、海、山、山脈）は現代の名称をそのまま用いる。ただし「ティベリス川」（現テヴェレ川）、「ルビコーン川」（現ルビコーネ川）は古代の名称を用いた。

（六）ローマ人の人名は、とりわけ個人名・氏族名・家名の三つの名を持つ男性の場合、フルネームで記すと非常に長くなる（ローマ人の名前の特徴については第一章で説明する）。そのため文中では、原則として氏族名ないし家名のみ（その人物の呼称として、もっとも一般的に用いられている方）で呼び、必要に応じて個人名や氏族名を加える。なお、巻末には人名索引をつけた。

目次

共和政末期(前1世紀頃)ローマの国制

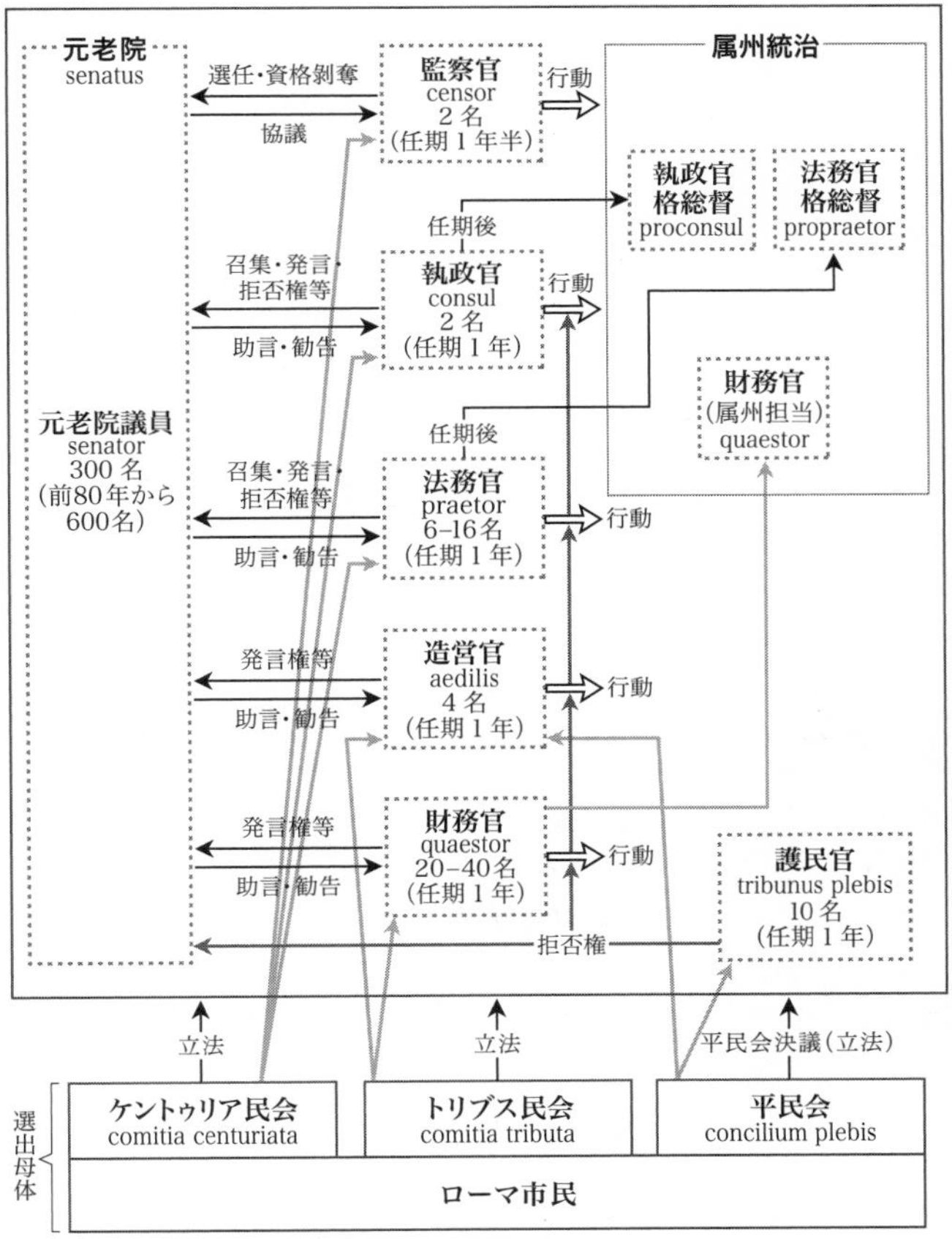

元老院
senatus
選任・資格剝奪
協議
監察官
censor
2名
(任期1年半)
行動
属州統治
執政官格総督
proconsul
法務官格総督
propraetor
任期後
召集・発言・拒否権等
助言・勧告
執政官
consul
2名
(任期1年)
行動
財務官
(属州担当)
quaestor
元老院議員
senator
300名
(前80年から600名)
任期後
召集・発言・拒否権等
助言・勧告
法務官
praetor
6–16名
(任期1年)
行動
発言権等
助言・勧告
造営官
aedilis
4名
(任期1年)
行動
発言権等
助言・勧告
財務官
quaestor
20–40名
(任期1年)
行動
護民官
tribunus plebis
10名
(任期1年)
拒否権
立法
立法
平民会決議(立法)
選出母体
ケントゥリア民会
comitia centuriata
トリブス民会
comitia tributa
平民会
concilium plebis
ローマ市民

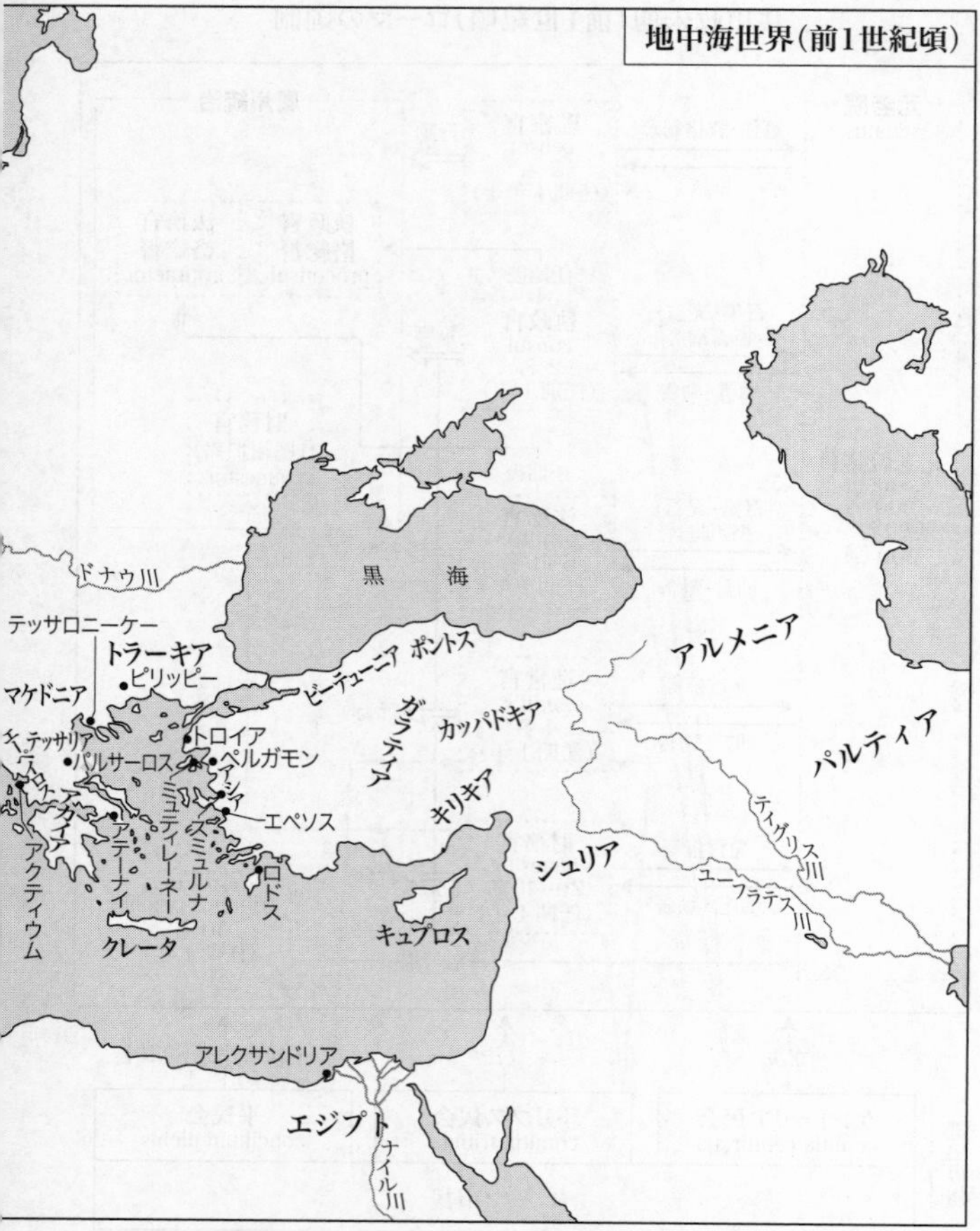
黒海
ドナウ川
テッサロニーケー
トラーキア
ピリッピー
マケドニア
テッサリア
パルサーロス
アカイア
アクティウム
アテーナイ
クレータ
トロイア
ペルガモン
アシア
ミュティレーネー
スミュルナ
エペソス
ロドス
ビーテューニア
ポントス
ガラティア
カッパドキア
キリキア
キュプロス
シュリア
アルメニア
パルティア
ティグリス川
ユーフラテス川
アレクサンドリア
エジプト
ナイル川
地中海世界(前1世紀頃)

ブリタンニア
エルベ川
ライン川
ベルガエ
ゲルマーニア
ガッリア
ドナウ川
ルグドゥーヌム
ウィエンナ
ローヌ川
ガッリア・トラーンサルピーナ
ガッリア・キサルピーナ
ポー川
サヴァ川
ルーシターニア
ヒスパーニア・ウルテリオル
ヒスパーニア・キテリオル
ナールボー
マッシリア
ティベリス川
イッリュリクム
アドリア海
ローマ
デュッラキオン
アポッローニア
ブルンディシウム
ムンダ
ガーデース
サルディニア
リリュバエウム
ウティカ
カルターゴー
シキリア
マウレターニア
ヌミディア
ハドルーメートゥム
タプソス
アフリカ
地中海

第１章
生い立ちから青年期まで

ユーリウス・カエサル像(ヴァチカン美術館)

古代ローマ人の生涯を幼少期から逐一追っていくのは、基本的に困難であり、それはカエサルの場合にも当てはまる。前一〇〇年に生まれ、前四四年に暗殺されたその生涯で、資料が豊富になるのは前六〇年代末からである。すなわち彼が大神祇官(前六三年に当選、終身)、法務官(前六二年)、執政官(前五九年)といった高位の公職や神官職を獲得し、かつポンペイユスおよびクラッススとの間に同盟(いわゆる「三頭政治」。前六〇年頃成立)を結成して、政治を動かす存在となってからのことである。その頃になるとカエサルの姿は、同時代の最も重要な歴史資料であるキケローの書簡に頻繁に見出すことができるようになる。また、彼が自ら記した『ガリア戦記』や『内乱記』によってもその足跡をたどることができるようになる。

とはいうものの、それは五六年の生涯のうちの三分の一にも満たない期間なのである。その期間こそ、カエサルが最もカエサルらしく生きたと言えるのかもしれないが、そういうカエサルを育てたそれ以前の四〇年近い歳月も、本当は同じくらい重要なはずである。しかし、それらの歳月について、我々が知ることができるのは、スエートーニウスやプルータルコスが記したカエサルの伝記などに見出される、わずかの事柄にすぎない。

本章で取り上げるのは前七四年頃までのカエサルについてであるが、とりわけこの時期についての情報はあまり多くはない。以下ではそれらの事柄に、歴史的な背景と人間関係で肉付けしていくことを試みたい。しばしばカエサル本人からは大きく話題がそれることになるが、彼の生まれた時代の状況を知り、また、彼が関わった人々について知ることは、間接的にせよ彼を理解することにつながるのではないかと思うからである。

1　家系と家族

古い由来の氏族

ガーイウス・ユーリウス・カエサルは、前述のように前一〇〇年(七月一三日)に、同名の父親と母アウレーリアとの間に生まれた。誕生年と誕生日には異説もあるが、現在一般に受け入れられているのは上記の日付である。ユーリウス・カエサル家は、ユーリウス氏族の一員として、パトリキイーと呼ばれる古くからの貴族の家柄であった。ユーリウス氏族の由来は古く、もともとはローマ近隣の都市国家アルバ・ロンガの有力な一族であったらしい。

アルバ・ロンガの建国者は、伝説に拠れば、トロイア戦争から父アエネーアースとともに逃れたアスカーニウスである。ローマ建国の祖ロームルスはその子孫とされる。アスカーニウスにはユールスという別名があり(アエネーアースがイタリアに来てからもうけた別の子供とする説もある）、ユーリウス氏族は自分たちの名前はこれに由来すると主張していた。つまり、アルバ・ロンガの建国者のみならず、ローマの建国者にもつながる血筋であり、遡ればトロイアの英雄アエネーアースと、その母である女神ウェヌスともつながりがあることになる。歴史家リーウィウス（前五九〜後一七）によれば、前七世紀の中葉にアルバ・ロンガがローマに敗れた際に彼らはローマに移住し、セルウィーリウス氏族などとともに、当時のローマ王トゥッルス・ホスティリウスから厚遇を受けたという。

図1-1　セクストゥス・ユーリウス・カエサルの銘のある硬貨．裏面には女神ウェヌスが描かれている

氏族そのものはこのように古く由緒正しいものの、その分枝の一つである「ユーリウス・カエサル家」自体の存在は、前三世紀くらいまでしか遡ることができない。またその当時から大活躍というわけでもなかったようである。ローマは前五〇九年に王政を廃止し、共和政となる。同時に、王に代わって、執政官という公職が行政のトップとなる（公職や国制一般については主に第二章の説明と巻頭の図を参照。このほか、文脈の必要に応じて適宜説明を加える）。だが、ユーリウス・カエサルの名を持つ人物が執政官に就任したのは前一五七年のセクストゥス・ユーリウス・カエサルが最初であり、だいぶ後のことである。

しかもこのセクストゥスは、我々のカエサルの直系の先祖ではないと考えられている。カエサルの先祖として確実にたどることができるのは祖父までで、その人はやはり「ガーイウス・ユーリウス・カエサル」という名前であった。しかしその名前は、「〜の孫、〜の子」という形で人物名を表記する当時の碑文の慣例のおかげで、あくまで我々のカエサルの祖父として表記されて残ったにすぎず、その他の経歴や業績については何もわからない。歴代の執政官就任者の名前は各種典拠から復元されているので、少なくともこの祖父が執政官にまで到達しなかったことは確実である。

両親と姉妹

父親については、古典文献や碑文にもう少し情報がある。それらを総合すると、彼は法務官という地位にまで達し、そののち属州アシアで総督をつとめ、そしてピーサエ、すなわち現在のピサで突然死を遂げた。大プリーニウス(後二三頃〜七九)は次のように伝えている——「何ら明らかな理由もなく、二人のカエサルが、早朝靴を履こうとしている最中に亡くなっている。すなわち法務官在任中だった人と、法務官経験者で独裁官カエサルの父であった人であり、後者はピーサエで、前者はローマで息絶えた」(『博物誌』七・一八一)。

彼が死去したのは、カエサルが「一六回目の年を過ごしているとき」であったとスエートーニウス(後七〇頃～一三〇頃)が『ローマ皇帝伝』「神君ユーリウス伝」で伝えているので、数え方によって前八五年または前八四年となる。後で見るように、それはカエサルの結婚の年をいつとするかにも響いてくるのだが、いずれにせよカエサルは、比較的若いときに父親を失ったわけである。この父親にはユーリアという姉妹がいた。彼女の夫は、一時ローマで独裁的権力を築いたガーイウス・マリウス(前一五七頃～八六)である。

一方母親のアウレーリアは、アウレーリウス・コッタ家の出身と一般に推測されている。この家からは、前二五二年以来、カエサルの生まれる前までに五人の執政官が出ており、名門の家柄と言えるだろう。夫と異なり、彼女は前五四年まで生きた。したがって息子カエサルが執政官となり、ローマで権力を築くのを見ることができたが、彼女の死去の年にはカエサルはガッリア総督在任中であり、死に目に会うことはできなかった。やはり夫とは異なり、彼女についてはカエサルとからむ逸話が幾つか伝わっている。そのどれもが、彼女がしっかりした性格の持ち主であることをうかがわせるものである。

たとえば歴史家タキトゥス(後五五頃～一二〇頃)は、『弁論家たちについての対話』で、彼女がカエサルの教育を召使いや家庭教師まかせとせずに、自ら行ったと伝えている。またプルータルコス(後四五頃～後二世紀初頭)の『対比列伝』「カエサル伝」によると、カエサルの二度目の妻ポンペイアは、クローディウスとの間に不義をはたらいたとして前六二年に離縁される

（後述）が、アウレーリアが常にポンペイアの行動に注意を払っていたために、二人にはなかなか事を行うチャンスがなかったという。

この両親の間には、カエサル以外にも二人の娘がいた。一人はカエサルより年上の姉で、もう一人は妹であったと考えられている。長女のユーリアについては、二度嫁いで、そのそれぞれで息子を産み、比較的若くして亡くなったということくらいしかわからない。次女のユーリアはもう少し長生きした（前五一年死去）。彼女はマールクス・アティウス・バルブスという人物と結婚して、二人の娘（ともに名はアティア）をもうけた。

年上の方のアティアはガーイウス・オクターウィウスと結婚して、そこで前六三年に生まれたのが、カエサルの養子となったオクターウィアーヌス、後の初代皇帝アウグストゥスである。オクターウィウスが早死にしたため、アティアはルーキウス・マールキウス・ピリップスという人物と再婚した。ユーリアはオクターウィアーヌスを引き取り、生涯手元に置いて養育したという。

名前からわかること

ちょうどよい機会なので、ローマ人の名前の特徴について簡単に触れておきたい。ここまでで既に、一つの家系に同じ名前の人物ばかりが登場することに読者はお気づきと思う。特に、同時に存在する娘二人が同じ名前であるのは、不可解とさえ思われるかもしれない。

だが、このようにローマ人は名前に関しては非常に保守的というか、個性を追求しない人々だった。まず男性の場合は、一般に個人名(ガーイウス)・氏族名(ユーリウス)・家名(カエサル)の三つの名前を有する。家名がない場合もあれば、戦勝を記念するなどの添え名が加わって四つ以上の名前を有する例もある。個人名が私たちで言うところの「下の名前」となる。

カエサル家の例でもわかるように、代々長男は父と同じ名前を継いでいくことが多い。同じ名前が引き継がれるという習慣は、ときに資料の中に残されている人物の区別を面倒にするが、また同時に、同一の名前を持っていれば同一の家系の出身であると、かなりの確実性をもって推測することを可能にする。たとえば、碑文にのみ名前の残っている人物と、何らかの文献に名前の残っている人物の父子関係を推測するなどである。そういうことが手がかりとなって、一つの家系の何代にもわたる歴史が見えてくることも場合によってはある。

一方女性の名前は、基本的には父親の氏族名を女性形にする。カエサルの母アウレーリアの名は、父の氏族名アウレーリウスに由来する。そのため、カエサルの姉妹がそうであるように、娘が複数いる場合は、みな同じ名前になってしまう。当時としても、さすがに不便と感じられていたのか、必要に応じて「大ユーリア」、「小ユーリア」などの形で区別がつけられる。このほかにも、父の氏族名でなく家名の女性形で呼ばれたり、あるいは母方の氏族名で呼ばれている例も見受けられる。

男性について、別のよくある例を加えておくと、たとえば上述のアウグストゥスは、本来はガーイウス・オクターウィウスとして生まれた。しかしカエサルの養子となったことにより、ガーイウス・ユーリウス・カエサル・オクターウィアーヌスとなった。「オクターウィアーヌス」は「オクターウィウスの」という意味であり、彼のもともとの出自を表している。また、ローマには奴隷身分から解放されて自由身分の市民となる人々がいた。こういう人々は、奴隷時代の主人の名から個人名と氏族名をもらい、家名に奴隷時代の名をつけることが多かったようである。たとえばキケローの秘書ティーローは解放されると、マールクス・トゥッリウス・ティーローと名乗った。

以上はごく一般的な傾向と例を説明したに過ぎないが、このようにローマ人の名前には出自や背景が色濃く表れており、しばしば(たとえ名前だけしか伝わっていなくても)個人の社会的位置や、結婚や養子縁組などの形で現れる家系同士の協力関係、ひいては政治における勢力図などを推測させる手がかりとなっている。

支配者層を表す様々な用語

カエサルの家柄がパトリキイーであったと述べたが、このほかに身分や社会集団を表すものとして、以下でもたびたび出てくる用語にノービレースと騎士階級、そして門閥派というものがある。これらについても、ごく簡単に説明しておきたい。

まずノービレースだが、その登場の背景には、パトリキイーと平民(プレープス)の長期にわたる身分闘争がある。結果として、リキニウス＝セクスティウス法(前三六七年)により、執政官(定員二名)の一人を平民から出すことが決定された。こうして平民からも有力な家系が出現し、もとのパトリキイーとあわせて、新たな支配者層を形成するようになった。これらの人々、より正確には執政官を出した家系の人々をノービレースと称する。たとえばカエサルの母が出たアウレーリウス・コッタ家や、後述のカエキリウス・メテッルス家なども、平民出身のノービレースである。

パトリキイーや平民あるいはノービレースが、家柄、血筋上の区分と言えるのに対し、騎士階級とは所有財産による区分と言ってよい。この階級の形成と発展には長く複雑な歴史がある。ここではカエサルの時代に関係する範囲で説明する。ごくかいつまんで述べると、本来騎士とは騎兵のことであり(ともにラテン語はエクイテース)、当初はパトリキイーのみが騎兵となり得た。しかしこれも身分闘争の反映で、騎兵となる層が平民の有力家系にも広がっていった。並行して、もともとの騎兵は国から馬を支給される人々だったのに対し、自費で馬を用意して騎兵となる資力を持つ人々も現れた。ここから、一定以上の財産を有する富裕層が騎士階級として区分されるようになった。しかしその中で元老院議員となった者は、元老院議員階級として区別される。そのため、この時代の騎士階級とは、国政に直接関わることにはあまり積極的でない、富裕な実業家層を指すことが多い。

ただそれは、彼らが公の仕事にまったく関係しなかったという意味ではない。騎士階級の人々の代表的な仕事の一つが徴税請負人というものだった。これは属州総督と契約して、属州の徴税業務を代行するものである。また、刑事法廷の審判人（彼らの投票で判決が決まる）も彼らの務めの一つだった。もともとは、元老院議員階級のみが審判人となり得たが、後述のガーイウス・グラックスの改革を契機に、騎士階級も審判人に加わるようになった。

最後に門閥派（オプティマーテース）であるが、これは政治的な立場が関わる用語であり、広く言えば保守派の人々、すなわち、元老院を中心とする、伝統的な共和政の政治体制を支持する人々のことを指す。また、より狭い意味で、それら保守派のうちでも、とりわけ有力な家系の人々を指すことも多い。本書でも後者の意味で用いる（第二章以後は、特にカエサルと対立した保守層を言うのに用いている）。

なお、有力な家系は体制の安定を望みがちではあるが、すべてがそうだというわけではない。ローマ史家ロナルド・サイムは『ローマ革命』において、ノービレースの家の出身者がしばしば革命的な行動を起こし、しかもそれがむしろ、彼らと同等以上の人々から多くの支持を得たことを指摘している。

2 カエサル誕生の頃のローマ

領土拡大のもたらしたもの

第二次ポエニ戦争(ハンニバル戦争。前二一八〜二〇一年)や第二次マケドニア戦争(前二〇〇〜一九七年)に勝利し、地中海世界の覇者となったローマは、多くの領土を獲得して豊かな大国となった。あらゆる富がローマに集まるようになったのである。しかしそれは大きな歪みを生むことになった。簡単に言うと、中間層、具体的には中小農民層(農業は当時の最も主要な生業だった)の崩壊である。戦争には軍隊が必要である。軍隊は、新たに獲得された領土を守るためにもやはり必要である。軍務は市民の義務だったが、本来ローマで軍務に就くことができたのは、一定以上の財産があり、武具も自前で用意できる人々だけであった。つまり貧困層の人々は軍務に(すら)就くことができなかった。

ところが領土拡大が進み、アフリカや東方まで覇権が広がると、軍務に取られる時間や労力は当然のことながら、それまでより遙かに大きいものとなった。長引く出征期間は、軍務に就く財産基準は満たすものの、極めて豊かというわけではない人々、具体的には先に述べたような農民層を疲弊させ、苦しめることになる。彼らが出征するにあたり、ある程度の補償金は支払われていたが、働き手を奪われた農地は荒れ、生産性が落ちる。イタリア南部などは、ハンニバル戦争で直接の被害も受けて荒廃している。そこに属州から安価な農作物が大量に流入してくるとなると、まさしくにっちもさっちもいかない状態となり、多くの自作農が破産に追い込まれ、土地を手放さざるを得なくなった。

他方、支配層の人々はそういった土地を買い上げ、いわゆる大土地所有者となって大規模な経営(ラティフンディア)を行い、ますます豊かになっていく。破産した農民の方は、これまた外部から流入してくる安価な労働力(奴隷)のせいで、そういう土地で雇われて働く道すら断たれる。つまり豊かな大国として成長していく一方で、内側の貧富の差は広がる一方だったのである。これは決して健全な状態とは言えない。しかもこのような状況は結果的に兵員数の減少をも招く。するとそれは支配圏の危機に直接つながるという悪循環である。従軍に必要な財産の基準を下げるなどの措置が取られたが、大した効果はなかった。

ティベリウス・センプローニウス・グラックスとガーイウス・センプローニウス・グラックスの兄弟による有名な改革(兄が前一三三年に、弟が前一二三年と翌年の二年連続で、それぞれ護民官に就任して実施)は、こうした社会状況を背景とし、土地の所有制限と再分配などによって、富裕層の肥大化を抑制し、貧困層の救済をはかろうとしたものだった。しかし、現状の体制と既得権益を守りたい富裕層の猛反発にあって失敗に終わり、両兄弟やその支持者たちは命を落とす羽目になった。

その少し後に出現したのが、ガーイウス・マリウスである。彼は前一〇七年に執政官に就任すると、軍務に就くための財産の基準を撤廃し、兵士に給与を、また退役後には恩給と土地を与えるという改革を行った。これにより、いわゆる無産階級の人々にも社会的に上昇する道が開けたことになり、懸案の兵員不足にも歯止めをかけることができた。また、あくまで普通の市民が必要に応じて召集されていた従来とは異なり、自ら志願して従軍する職業軍人が誕生することになり、それは軍隊の専門化・精鋭化にもつながった。

一般に「マリウスの軍制改革」と称されるこの改革だが、ローマの政治のあり方も変動させることになる。志願兵たちにとっては、退役後に獲得する土地は非常に重要であったが、元老院に掛け合ってしかるべき土地を獲得するのは、彼らを率いた将軍の役目であった。また、戦争での戦利品は、国庫におさめる前に将軍の裁量で兵士に分配し（かつ、将軍自身の懐も満たし）てよいことになっていた。

つまり兵士たちにとっては、将軍こそがすべてを与えてくれる存在だった。兵士と将軍との関係は密接なものとなっていき、兵士は国に対してよりも、むしろ一個人である将軍に対して忠誠心を抱くようになる。その関係は退役後も維持される。すると、こうした軍隊や退役兵の力を頼みに政治に圧力をかけ、権力を振るうことを目指す者たちが登場してくる。そうした人々は、元老院が主導する従来の共和政の政治体制を揺るがすことになる。後にカエサルもその一人となるが、マリウスはまさにそのはしりであった。

マリウスの出世

このような大きな変化のきっかけを作ったマリウスとは、いったいどういう人物だったのか。前述のように彼はカエサルのおばユーリアの夫であるが、ローマのパトリキイーでもなければ、ノービレースでもない。アルピーヌムという地方都市出身の、おそらく騎士階級に属する人物だった。アルピーヌムは、彼の誕生の三〇年ほど前にようやくローマ市民権を獲得した都市であり、その出身というだけでも格下に見られがちだったろう。マリウスより半世紀後に生まれ、同じアルピーヌムの、やはり騎士階級出身であるキケローは、複数の政敵にその出身地をあげつらわれている。

図 1-2　マリウス像(ヴァチカン美術館)

ローマの政界において全くの新参者であっ

たマリウスにとって、出世の糸口となったのは軍務だった。彼は勇猛な兵士であり、スキーピオー(小アーフリカーヌス。前一八五/四～一二九。第三次ポエニ戦争で勝利。ギリシア文化への理解と関心でも知られる。キケローの対話篇『国家について』の主役でもある)に目をかけられて軍隊の中で昇進していく。しかし当時のローマにおいては、軍隊における地位の向上だけでは権力者とはなり得なかった。そもそも軍隊における地位にしても、軍隊の中だけで活動している限り、どれほど出世しても限度がある。将軍の地位を獲得することなどあり得ない。

なぜなら当時は、一軍の総指揮権は、執政官や法務官といった公職に在任している人々、ないしはそれらの公職の代理者(四九頁参照)という資格を与えられた人々(基本的には、すでにそれらの公職を経験し、元老院議員でもある人々)に委ねられるものだったからである。つまり総指揮権を有する人々の立場は様々であるが、便宜上本書では、彼らを一括して「将軍」と呼んでいる。たとえばどこかの国と戦争をするということになれば、その都度、配当する軍の規模が決められ、適切な人が選ばれて将軍となる。将軍たちは任務を完了すれば、またローマの政治に戻っていく。

このように、ローマで人よりも上にのしあがろうと思うなら、何よりも公職、それも最高位の執政官職を獲得し、元老院議員の地位を得ることが必要だった。

マリウスは財務官就任(前一二三年頃)を皮切りに、護民官(前一一九年)、法務官(前一一五年)と出世していく。ユーリアと結婚したのは、前一一三〜一一〇年頃と推測されている。

初めて執政官に就任したのが、先にも触れた前一〇七年である。きっかけとなったのは、北アフリカのヌミディア王国のユグルタ王との間に前一一二年に始まったユグルタ戦争だった。前一〇九年には、執政官の一人であるメテッルスがこの戦争の指揮権を担当することになり、彼はマリウスを副官に選んだ。実はマリウスとメテッルス家にはもともと浅からぬ関係があった。護民官の選挙において、マリウスはメテッルス家からの支援を受けていたのである。

メテッルス家は前二世紀後半に権勢を振るったノービレースの一族で、多くの執政官を輩出している。新参者が公職を獲得するには、こういう権門から支援を受けることが必要だった。支援する側は支援する側で、当然見返りを期待していた。特にマリウスが獲得した護民官職は、地位としてはそれほど高くはないものの、この頃の政治で重要、かつ厄介な存在であった。

本来はパトリキイーの横暴に対して平民の権利を守るために設けられたこの公職は、「身体の神聖不可侵」と、元老院や民会（後述）の決定を無効にする「拒否権」という特殊な権利を与えられており、それは平民の地位が向上したあとも変わらなかった。そのため、地位に不相応な政治的な力を振るうことが可能であり、野心のある若い政治家はしばしばこの護民官職の獲得を狙った。グラックス兄弟も、護民官として改革にのぞんだのである。執政官をはじめとする政治的有力者たちにとっては、自分たちの政治的意向を通すために、護民官をうまく使うこ

図 1-3　スッラ像(ミュンヘン，グリュプトテーク美術館)

とが肝要であった。メテッルス家もマリウスにそういうことを期待していたはずである。

ところがマリウスは正反対に、メテッルス家をはじめとする門閥派に反発する活動を行い、彼らを怒らせた。彼らは早速報復に出て、マリウスが造営官の選挙に出馬するとこれを妨害し、結局マリウスは落選してしまう。だが法務官選挙には、やはり反発を受けたものの当選する。もっともそれ以後はあまり過激な活動はしていない。それもあってメテッルスは彼をユグルタ戦争の副官に選んだのかもしれない。しかしメテッルスが決定的な成果をあげることができずに戦争が長期化すると、マリウスは軍務を離れ、早期の決着を掲げて前一〇七年の執政官職に立候補し、当選を果たした。

当時、執政官に就任できたのは、おおむね限られた名家出身者ばかりであり、マリウスのようにその家系で初めて執政官となった者は、「新人《ノウス・ホモー》」と呼ばれる。揶揄のこもった表現である。立候補に当たってメテッルスは猛反発し、出馬したいなら自分の年若い息子が執政官選挙に出る時と一緒にすればいいと言ったという。

マリウスの当選の背景には、このようなメテッルスの態度に象徴される支配層の傲慢さ、それに見合わない無能さ、さらには腐敗ぶり(複数の有力元老院議員がユグルタから賄賂を受け取っていた)に対するローマ市民の怒りがあったと考えられている。マリウスはメテッルスに代わってユグルタ戦争の指揮権を獲得する。その際に兵力不足を補うべく、彼が案出したのが上記の軍制改革だったのである。

ユグルタ戦争ではもう一人頭角を現した人物がいる。マリウスと後に激しく対立することになるルーキウス・コルネーリウス・スッラ(前一三八頃~七八)である。マリウスとは対照的に、ローマの伝統的なパトリキイーの出身である彼は、前一〇七年の財務官としてマリウスに同行した。公約通りにはいかずマリウスが苦戦するなか、スッラは、娘をユグルタに嫁がせているマウレターニアのボックス王との巧みな交渉によって、王にユグルタを裏切らせることに成功する。王におびき出されたユグルタは捕らえられてローマに引き渡された。スッラは戦争を終結(前一〇六年)に導くという大きな功績をあげたことになる。

マリウスの権力と失墜

前一〇五年、ローマの属州であるガッリア・トラーンサルピーナがキンブリー族の侵入を受けたため、同年の執政官マッリウス・マクシムスが派遣されるが、同じく派遣されたセルウィーリウス・カエピオー(前年の執政官)は彼と共同作戦を取ることを拒絶し、その結果ローマ軍はアラウシオ(現オランジュ)で史上名高い大敗北を喫してしまう。民衆の怒りは激しく、それがマリウスを再び前一〇四年の執政官へと選出することにつながった。

「新人」だったマリウスが二度目の当選を果たしただけでも十分異例なことだが、彼はさらに連続して四度当選、つまり前一〇四〜一〇〇年の五年にわたって執政官を務め、権力者の地位を築いた。その間には、テウトニー族(前一〇二年)、キンブリー族(前一〇一年)との戦争にもそれぞれ勝利している。

ただし彼の権勢はそう長くは続かず、六度目の執政官を務めた前一〇〇年(ちょうどカエサルが生まれた年にあたる)を境に、傾いていく。この年マリウスに協力して、彼の退役兵に土地を準備する法案に関わった護民官ルーキウス・アップレイユス・サートゥルニーヌスは、さらに別の退役兵たちや、無産階級を対象として、広範囲に及ぶ土地の分配や植民市の建設を提案し、反発を受けると暴力まで用いて国政を大混乱に陥れた。マリウスはサートゥルニーヌスとその一派を鎮圧することを強いられ、面目を失墜する。

かつてマリウスと対立したメテッルスは、サートゥルニーヌスの法が、全ての公職者と元老院議員に服従を誓わせるものであったことに強く反発し、追放されることを甘受していた。しかし、上のような状況もあって彼を復帰させようという動きが起こり、マリウスは激しく反対したものの、結局阻止することはできなかった。前九九年の末にはメテッルスの復帰についての提案が可決される。このあと、マリウスは東方に向かい、しばらくのあいだ政治活動から身を引く。もともと軍人から身を起こした彼に、ローマの政治で辣腕を振るうのは難しかったのかもしれない。健康も衰えつつあったようで、次に述べる同盟市戦争では、一時指揮を執ったものの、身体の不調を理由に退いている。

同盟市戦争

一方ローマは、再び、領土拡大に伴って苦労を強いられた人々への対応を迫られることになる。ただし、先に述べたのとは異なる人々、すなわちイタリア半島の、ローマと同盟関係にあった諸都市の人々である。

これらの諸都市はもともとは独立した都市であった。しかし前五世紀後半から活発化したローマのイタリア半島征服活動の中で、段階的にローマに服属していく。もちろん素直にそうしたわけではない。イタリア半島中部のサムニウム人の抵抗はとりわけ激しく、前四世紀〜三世紀初頭にかけて、三度にわたる戦争が行われている。

さて、こうした諸都市は名前の上では同盟者と呼ばれ、自治も認められていたものの、ローマとの関係は対等とは言えなかった。ローマに対して軍事協力の義務があった一方、ローマの政治に関与することはできなかった。つまり、ローマがどこかの国と戦争を始めることを決めたとしても、彼らはその過程には口を挟むことができない。にもかかわらず、兵役を課されるとそれを受け入れるしかない、という不公平な関係を強いられていたのである。

先にローマの中小農民層の崩壊について述べたが、それに伴って彼らの負担は当然重くなっていた。マリウスの軍制改革で対象となったのは、あくまでもローマ市民の貧困層であり、同盟諸都市の負担については従来のままであった。彼らの不満は募ってゆく一方であった。

そこにマールクス・リーウィウス・ドルーススという人物が出現する。ノービレースの出身であった彼は、改革の精神に富んでおり、前九一年に護民官に就任すると、様々な改革を実行しようとした。その中に、同盟諸都市にローマ市民権を与えるという案があった。しかし門閥派から激しい反発をくらい、結局のところ彼は暗殺されてしまう。同盟諸都市にとっては痛手であった。さらにローマの支配層は、彼らをとことん押さえつけようとした。だが、それがかえって彼らに火をつけた。同盟市戦争の始まりである。激しい戦闘が各地で行われ、ローマは何とか鎮静化に成功するが(前八八年)、さすがに譲歩せざるを得ず、彼らに、正確にはポー川以南のすべての都市に、ローマ市民権を与えている。

この結果、新たな市民が大量に誕生することになった。もっとも、選挙と投票はもっぱらローマで行われていたので、投票権を獲得したとはいえ、彼らがどれほど政治に影響力を発揮できたのかについては疑問である。しかも、ローマにとりわけ反抗的だった都市をまとめて少数のトリブス(投票を行う単位。いわば選挙区)に配分するなど、彼らの意志が反映されにくくする措置もとられていた。そうはいっても、ローマの支配層の中にも、彼らと積極的に手を結び、自分の勢力にしようとする人々は少なくなかった。他ならぬカエサルも、後にこのような諸都市の有力者たちとの間に交友関係を結び、支持者として獲得したことが知られている。

これらの都市の人々は、このようにして徐々に力を伸ばしてゆき、やがては、内戦を経て古い支配層が人材を失い、衰退していくのに代わって、ローマの中核を担うまでになる。もっとも、それはまだ半世紀ほど先のことである。

3 「カエサルの中には多くのマリウスがいる」

最初が欠けている伝記

そろそろ、カエサル自身の人生も少し先に進めておくことにしよう。「一六回目の年を過ごしているときに父を失った」――先にも引用した文言であるが、伝記作家スエートーニウスによるカエサルの伝記『ローマ皇帝伝』「神君ユーリウス伝」(カエサルは死後、前四二年に神格化された)は、このように始まっている。もっとも、これは本来の始まりではない。『ローマ皇帝伝』は、ただ一つの写本(この写本自体は現存しない)によって古代からルネサンス期に伝えられ、現在残るその他の写本は全て、もとをたどればこの写本に由来するものである。そしてこの写本において、「神君ユーリウス伝」の最初の部分が既に欠損していたために、その部分は永遠に失われてしまったのである。

面白い偶然により、スエートーニウスとほぼ同時期のプルータルコスによる『対比列伝』「カエサル伝」も、カエサルの結婚(スエートーニウスによれば、カエサルが父を失った翌年にあたる)から話が始まっている。しかもその結婚は既に行われたものとして言及されるのであり、作品内の時間としてはもう前八二年になってしまっている。こちらもやはり最初の部分が失われていると考えられている。

それぞれの作品において、失われた部分がどの程度の量であったのか、そこにどの程度の情報が含まれていたのかについては、色々な考え方があるだろう。ただ両作家ともに、伝記の最初の部分では、主人公の家族や当人の誕生時について、多少なりとも記述するのが普通である。特にスエートーニウスはこのような話題に入れ込む傾向がある。

たとえば「神君アウグストゥス伝」は、まず両親それぞれの家系について説明することから始まる。とりわけ父方については詳しく、アウグストゥスのもともとの出身であるオクターウィウス氏族の由来に始まり、アウグストゥスの曾祖父・祖父・父の経歴や業績が紹介される。アウグストゥス当人に関する記述はそのあとから始まり、誕生日や生誕の地、幼児期の様子、育った場所などが、幾つかの逸話とともに記されている。

こうした記述が「神君ユーリウス伝」にもあったとしても不思議はなかろう。「神君アウグストゥス伝」で、母方の家系の説明がほとんどないことも、「神君ユーリウス伝」の方で既にある程度の説明があったことを推測させる。幼少期のカエサルについては限られたことしかわからないのだが、もし「神君ユーリウス伝」が完全に残っていたら、もう少し詳しく知ることができたのかもしれない。

結婚と神官職

このようなわけで、カエサルの父が亡くなった頃から話を始めることにするが、この頃、カエサル個人の身辺には、他にも結婚やユピテル神官職への選出など、幾つかの出来事が相前後して起こっている。だが、それらの時間的位置づけが少々厄介である。スエートーニウスをはじめとする資料の文言は、あまりに簡略で複数の解釈を可能にするものであり、時には互いに矛盾しているようにも見えるからである。

しかも同じ時期に、ローマの政治には激しい闘争が起こり、武力衝突にまで至っていた。マリウスだけでなく、カエサルの結婚相手の父であるキンナが闘争の中心にいた。カエサル自身がこの衝突に直接関与した形跡はない。しかし彼は、少なくとも一部は目撃しただろう。また、様々な資料の中に断片的に残る証言を総合すると、たとえば彼がユピテル神官に選出されたのは、前任者のコルネーリウス・メルラが自殺して空席ができたためであることが推察される。そしてその自殺は、上記の衝突が招いたものであった。そうだとすれば、同時期の時代背景についても、知っておく必要があるだろう。

そこで、まずはカエサル自身に起こった出来事について、年代の問題を中心に整理する(筆者の理解は、ゲルツァーおよびペリングの説明に拠るところが大きい。巻末の参考文献を参照)。そのうえで、改めて同じ時期のローマの状況について説明することにしたい。

さて、それらの出来事について、まずスエートーニウスがどのように書いているのか、改めて詳しく引用してみよう。

「[カエサルは]一六回目の年を過ごしているときに父を失った。次の執政官のときに(=翌年に)、ユピテル神官に定められて、彼はコッスティア――騎士階級の出だが、非常に裕福で、カエサルがまだトガ・プラエテクスタをまとっていた頃に婚約していた――を退けて、四度執政官を務めたキンナの娘コルネーリアを妻に迎えた」(「神君ユーリウス伝」一)。

一点先に説明しておくと、トガ・プラエテクスタとは赤紫の縁取りのあるトガで、高位公職者または成人式前の子供が着用する。一般には、一四〜一七歳に成人式を行って、通常の成人用のトガ(トガ・ウィリーリス)を着用する。

スエートーニウスの証言の中には、「父の死」、「ユピテル神官への選出」、「コルネーリアとの結婚」という出来事が含まれている。このうち、父の死(前述のように前八五/八四年)とコルネーリアとの結婚の前後関係は明瞭である。だが、神官への選出時期が難題である。スエートーニウスの言葉は、父の死の翌年(前八四/八三年)に、神官への選出と結婚の両方が行われたと読むこともでき、事実そのように翻訳している例も見受けられる。ところが歴史家のウェッレイユス・パテルクルス(前二〇頃〜?)は、カエサルが、マリウスとキンナによって、この神官職に選ばれたと伝える。そしてマリウスは、前八六年の一月一三日に病死しているのである。

スエートーニウスとウェッレイユスの証言を矛盾なく理解しようとするなら(つまり、一方が正しく、一方が間違っていると考えない)、スエートーニウスの「ユピテル神官に定められて」を「既にユピテル神官に就任することが決まっていたのだが」のような形で解釈する——つまり、神官選出は父の死の翌年ではないと考える——必要がある。「いたので」と言ってもいいのかもしれない。ユピテル神官は、本人のみならず妻もパトリキイー出身でなくてはならなかったので、スエートーニウスはコッスティアを退けた理由としてこう書いたとも考えられるからである。

なお、(コッスティアを)「退けて」と訳したラテン語は、離婚したとも理解しうる。だが、婚約については触れておきながら、結婚のことは何もいわず、いきなり離婚について述べるというのは不自然であり、ここでは婚約解消の意味で理解する方がいいだろう。

スエートーニウスの証言は、時期に関する疑問をさらに二つ喚起する。一つは、コルネーリアとの結婚と、キンナの死との前後関係である。キンナは兵士の暴動で、前八四年に殺害された。カエサルとコルネーリアとの結婚は、前八四／八三年となる。前八四年、それもキンナの生前だったのか、それともキンナの死後だったのか、断定できるだけの証拠はない。ただし、仮に結婚の方が後だったとしても、時期的な近接から考えて、彼らの結婚にキンナの意志がまったく働いていなかったとは考えにくい。

もう一つは、ユピテル神官に選出された時期と、その実際の就任の問題である。前述のように、選出の時期はマリウスが死んだ前八六年一月よりも前と考えられる。しかもカエサルの前任者メルラが自殺したのは前八七年ということがわかっているので、選出されたのは、この二つの出来事に挟まれた時期となる。

では、就任の方はどうなのか。結果から先に言うと、マリウスとキンナに代わって権力を握ったスッラによって、カエサルはこの神官職を取り上げられてしまう。だが、その時点で彼は、まだこの神官職に就任してはいなかったようである。つまり、選出はされたものの、何らかの事情ですぐには就任せず、結局そのままで終わってしまったらしい。メルラの欠員補充が七二年間も行われなかったとするタキトゥスの証言があるからである(『年代記』三・五八)。

ところで、この神官職(名前の通り、ユピテルの祭祀を司る)の性質と関連して、テイタムという学者の興味深い見解がある。かいつまんで述べると、この神官職はかなりの名誉を伴うものである一方、就任者には様々な制約があった。たとえば馬に乗ってはならない、二晩以上ローマを離れてはならない、死体に触れてはならない、等々。カエサルが後年てんかんの症状に悩まされたことは知られているが、実はその症状は既に幼少の頃から現れていたのかもしれない。ユピテル神官になると軍事活動やローマ外での活動が制限されるため、高位の公職を獲得したり、属州総督を務めるといった当時のエリートコースを歩もうとする者には足枷となる可能性がある。だが、病を抱える者にとっては、体面を失わずに静かな生活を送ることができるという点で好ましく、カエサルの親族も満足したのではないか、というのである。

このように、ユピテル神官職への選出は、マリウスやキンナのカエサルに対する配慮だったのかもしれない。しかしいずれにしろ、それはスッラによって無に帰す。何が起こったのか、同時期のローマの政治闘争の方を見ていくことにしよう。

スッラのローマ進軍

少し話は戻るが、前述の同盟市戦争が終わる頃、ローマは小アジアのポントス国王ミトリダーテース六世との間にも開戦を迫られる事態になっていた。ミトリダーテースは、女婿であるアルメニアのティグラーネース二世とともに小アジアで活発な軍事活動を行い、親ローマのビーテューニア王ニーコメデース四世や、同じくカッパドキアのアリオバルザネース一世を王位から駆逐するなど、東方におけるローマの覇権を揺るがしていたのである。

スッラは前八八年の執政官として、このミトリダーテース戦争の指揮を任されていた。ユグルタ戦争での外交術で頭角をあらわしたスッラは、前九七年には法務官に達し、その後はしばらく東方で活動していた(~前九二年頃)。ミトリダーテース戦争の頃には、門閥派の指導的人物と目されるまでになっていた。

スッラとマリウスは、最初はそこまで激しく対立していたわけではなかったらしい。しかし前九一年、ボックス王がユグルタ戦争での勝利を記念する彫刻群(その中には、ボックスがスッラにユグルタを引き渡している像があった)を寄贈することを元老院が認めると、マリウスは激しく反対し、スッラとの間は一触即発の状態となった。幸か不幸か、このときは、たまたま同盟市戦争が始まったために、そのまま沙汰止みとなっていた。

さて前八八年、ルーキウス・スルピキウス・ルーフスという人物が護民官に就任する。彼は前述のリーウィウス・ドルーススの仲間であり、新しい市民たちの選挙における不公平を是正しようと活動した。しかし当然のことながら門閥派から反発をくらう。そこで彼が担ぎ出したのが、マリウスだった。すなわちスルピキウスは、ミトリダーテース戦争の指揮権をスッラから取り上げてマリウスに委ねる法案を提案し、通過させたのである。

当時スッラはまだ、同盟市戦争の後処理となる戦いをイタリア南西部のカンパーニアで行っているところであった。知らせを受けた彼は、誰も予想しなかったと思われる行動に出る。手元にあった六個軍団を率いてローマに進軍し、市内に突入したのである。元老院を武力で脅し、マリウスやスルピキウス・ルーフスに対する処刑を決定させた。しかしマリウスは辛くも逃亡し、スルピキウスは奴隷に殺された。

ところで、スッラが率いていた軍団は、国が彼に委ねたものであり、国に対して弓を引くこのような行動に、兵士たちが加担する義務はなかった。しかし彼らは、国よりもむしろ彼らの将軍スッラに従うことを選んだのである。前述のように、これもマリウスの軍制改革の結果であった。またスッラはここで、ローマ人がローマ人の軍隊を率いてローマに攻め込んでくるという大きな前例を作った。彼のやり方にならう者が実際に出現しただけでなく、そういうことが起こるのではないかという懸念が政治に圧力をかけ、混乱を引き起こすという事態は、この先も繰り返される。

キンナとマリウスの反乱

さて、こうしてスッラは敵対者たちを排除し、予定通りミトリダーテース戦争へと出征した。翌八七年の執政官グナエウス・オクターウィウスとキンナは、スッラの定めたことを遵守するよう、誓いを立てさせられていた。にもかかわらず、キンナはその誓いを平然と破った。執政官に着任した彼は、ある護民官を使い、スッラの定めたことを無効にしようと試みる。キンナの前歴についてはあまり知られておらず、ここまでどのような政治活動を行っていたのかもよくわからない。

しかしスッラに忠実だったもう一人の執政官オクターウィウスと門閥派によって、キンナは首都ローマから追い出され、執政官職も無効との宣言を出された。このとき、彼の代わりに執政官に就任したのが、前述のコルネーリウス・メルラだった(このような形で就任した執政官を「補欠執政官」と称する)。だがキンナは引き下がらなかった。彼はマリウスをはじめとする協力者を得て、前八七年遅く、首都ローマに攻め込む。マリウスは退役したかつての部下たちを募って私軍を形成した。さらには武装した奴隷も従えていた。協力者の一人に、後に彼らとは袂を分かつが、前八〇〜七二年にヒスパーニアを占拠してスッラ体制に抵抗を試みたクィーントゥス・セルトーリウスがいる。

彼らは首都を掌握し、敵対者たちへの復讐・粛清を始めた。真っ先に犠牲となったうちの一人がメルラである。形だけの裁判が行われ、有罪となった彼は、ユピテル神官職を汚さないよう、あらかじめ退任してから、自ら命を絶った。その神官職をカエサルにあてがうというのも、何とも言えない話である。キンナを追い出したオクターウィウスも殺され、首は切り落とされてキンナに渡され、その後で中央広場の演壇の前に晒された。

この報復活動において、とりわけ残忍ぶりを示したのがマリウスであった。彼はこれまでの腹いせのように、気にくわない者を片端から虐殺した。キケローが『弁論家について』などで尊敬を込めて描く雄弁家マールクス・アントーニウス（後のカエサルの部下アントーニウスの祖父）も、犠牲となった。彼はもともとはマリウスを支持していたのだが、その後離反したのである。

プルータルコスが「マリウス伝」で伝えるところでは、マリウスは身辺警護のために強力な奴隷の一団を引き連れており、彼に挨拶して返事を返してもらえなかった人は、直ちにその場で、彼らに殺されてしまったという。また、殺された人の妻子を暴行するなど、この奴隷たちの残虐さには目に余るものがあり、ついにはキンナとセルトーリウスが申し合わせ、睡眠中の彼らを襲撃して殺害したという。

しかしマリウスは、その暴虐を長く続けることはできなかった。前八六年にキンナとともに執政官に着任した彼だが、前述のように一月早々に死去する。最後の最後にもう一度ローマに返り咲き、人々に己の力を見せつけて、死んでいったのである。

スッラの反撃

マリウスの死後キンナは、殺害される前八四年まで独裁的といってよい立場を得た。その年まで連続して執政官に就任し、その同僚も彼の仲間であった。しかしキンナ一派には、大きな懸念があった。スッラの存在である。

もちろん対策が講じられていなかったわけではない。キンナは既にスッラを公敵と宣告していた(いわゆる「追放公告」の対象とした。受けた者は法の保護から外される)。そしてスッラの代わりにミトリダーテース戦争を指揮する将軍として、前八六年の補欠執政官ルーキウス・ウァレリウス・フラックスを派遣した。だが、当時の混乱した政情を反映していると言うべきか、フラックスは、自身の副官ガーイウス・フラーウィウス・フィンブリアに殺害されてしまう(前八五年)。フィンブリアは別にスッラと共闘しようとしたわけではなく、自分が戦争の指揮を執ろうとしたのである。しかしスッラの方も指揮権を放棄せず、そのまま戦いを続けた。彼のもとには、マリウスとキンナの一派に追われ、ローマから逃れた人々も身を寄せていた。

フィンブリアはなかなか巧みな戦いぶりを見せ、一時はほとんどミトリダーテースを追い詰めさえした。しかしそこに、スッラの忠実な部下ルーキウス・リキニウス・ルークッルスがスッラの命を受けて介入し、王を逃がす。こうしてスッラは、自ら王と和平を結び、戦争を終結へと導いた。

スッラは一方で、ローマの元老院に書簡を送り、自分がこれまで国家に大いに貢献してきたにもかかわらず、不当な扱いを受けていると不満を表明し、ローマに戻って報復することを宣言した。キンナはこれに対処せざるを得ず、軍隊を徴募し、前八四年、イッリュリクムへと向かって、そこでスッラと対決しようとした。しかし兵士たちが戦いを拒んだため、怒ったキンナは彼らを呼び集め、強制しようとした。歴史家アッピアーノス(一世紀末～二世紀)が『内戦記』で伝えるところでは、このとき兵士たちとキンナの先導警吏(公職者に随行し、その職権を象徴する。たとえば執政官には一二人の先導警吏がつく)との間で小競り合いが生じ、キンナは関与した兵士を捕らえるよう命じた。これを見て兵士たちは彼に投石し、あげくの果てには、近くにいた者たちが彼を刺し殺してしまったという。

事態を知ったスッラは軍隊とともにイタリアへと進軍を開始し、前八三年にイタリアに上陸する。領袖を失った相手側も軍備を整えて立ち向かい、内戦が勃発した。スッラはかつての同盟市戦争で大いに活躍しており、したがってイタリア諸都市に憎まれていた。特にかのサムニウム地方の人々は、このときマリウス派に加勢して、再び激しい抵抗を見せた。しかし前八二年一一月一日、スッラはまさにその彼らを、コッリーナ門(ローマの城門の一つ)の戦いで打破し、これが彼の勝利を決定づけることになった。この内戦で名を挙げ、スッラ亡き後に権力を伸ばしていく人物に、グナエウス・ポンペイユス・マグヌスや、マールクス・リキニウス・クラッススがいる。

この年の執政官は、マリウスの同名の息子ガーイウス・マリウスと、グナエウス・パピーリウス・カルボー(マリウスとキンナの反乱の際に協力した一人で、前八五、八四、八二年と執政官を務めた)だった。マリウスは自殺し、カルボーは逃亡するも翌年処刑された。

スッラの独裁とカエサル

ローマに戻ったスッラは元老院によって独裁官に指名され、政権を掌握した(前八一年)。もともと独裁官とは、国家存亡の危機に誰か適切な人物に全権を委任し、その人物が事態解決のために独断で采配を振るうことができるようにするためにもうけられた地位である(たとえば執政官も独裁官には従わなくてはならないし、護民官の拒否権も独裁官には通用しない)。任期は最長半年で、しかし事態が解決し次第、退任すべきとされていた。たとえば前三九〇年にローマがガッリア人に攻め込まれたとき、独裁官として活躍し、ローマを救ったマールクス・フーリウス・カミッルスのエピソードはよく知られている。

しかしローマの覇権が確かなものとなり、こうした危機に直面することも減ったのと関係があるのか、このような性質の独裁官職は徐々に廃れた。その一方で、何らかの事情で執政官が不在のときに、特定の短期間の任務(たとえば本来執政官が行うべき選挙の開催や祭儀の主催など)を果たすために独裁官が任命されるようになった。だが、そうした目的での独裁官職も、前二〇二年を最後に途絶えていた。

スッラが獲得した独裁官職は従来とは大きく違うものだった。彼に与えられた任務は「法の制定と国家再建」であり、まさに国家運営の全権を握るものだった。しかもその任務を果たしたかどうか、言い換えれば、役目を終えて退任すべきかどうかの判断は彼の裁量に委ねられた。

こうして大きな権力を手にしたスッラは、反対派に対して大規模な粛清を行うとともに、多くの政治改革を行い、再び伝統的な体制を安定化させることを試みた。たとえば護民官の権限を抑制し、また、ガーイウス・グラックスの改革ですべて騎士階級から選ぶことになっていた審判人を再び元老院議員階級のみに戻した。前述のように、騎士階級は裕福で力のある層である。彼らが元老院議員階級を断罪する力を獲得したことは、間接的に政治に介入する力を得たことでもあり、ときに階級間の対立が煽られることになった(このように、持てる階級の利害が一致しないようにすることもグラックスの狙いであったと言われる)。スッラはそれを、再びもとの状態に戻そうとしたわけである。

改革の余波は、当時まだ若年だったカエサルにも及んできた。スッラは、カエサルにコルネーリアを離縁するよう要求したのである。彼らのような家柄の者にとって、結婚とは家同士の結びつきを意味した。すなわちスッラは、キンナの家と手を切ることを求めたことになる。しかしカエサルはこの要求を拒絶した。怒ったスッラは、コルネーリアの相続権や、カエサルが親から継いだ財産を没収した。くだんのユピテル神官職も、ここで取り上げられた。さらにカエサルはスッラの手下に追われ、命の危険にさらされながら(マラリヤにも罹患していたという)、逃亡生活を続けることを強いられた。最終的に彼は、親族のとりなしによって何とかスッラのゆるしを得た。カエサルがまだ何ほどの者でもなかったからこそ、恐れを知らずに抵抗できたのかもしれないし、スッラも追及の手をゆるめたのかもしれない。とはいえ当時権力の頂点にあり、実際に多くの人々を粛清していたスッラに、生命の危険を冒して真っ向から刃向かうというのは、誰もができたことではあるまい。

恩赦を願い、まだ子供なのだから赦してやってほしいと言った人々にスッラが言ったと伝えられるのが、この節の表題にも引用した「カエサルの中には多くのマリウスがいる」という言葉である(「神君ユーリウス伝」一。「カエサル伝」一にもほぼ同じ言葉がある)。文字通りとれば、カエサルはマリウスを何倍にもした存在であるということになる。少しできすぎの話のようにも聞こえるが、もしそれが本当にスッラの言葉だったとすれば、キンナの家との関係、すなわちマリウス派との関係を捨て去る気のないことを表明した格好のカエサルに、スッラは並々ならぬものを感じていたのかもしれない。

4　若き日の武勇伝

アシアでの軍隊勤務

スッラと何とか和解したカエサルだが、やはりローマには居づらかったのか、前八一／八〇年、総督マールクス・ミヌキウス・テルムスの随行員として属州アシアに赴く。スエートーニウスによれば、総督の命令で彼はビーテューニアに派遣され、ニーコメデース王のもとに長く滞在した。そこで王と男色関係を結んだという。真偽はともかく、このゴシップはローマ人には有名だったらしく、やはりスエートーニウスの伝えていることだが、後々までもからかいの対象となり、政敵にもあげつらわれている（当時の弁論では、身体的欠陥や性的趣味などをあからさまに中傷することがよくあった）。たとえばマールクス・カルプルニウス・ビブルスは、同僚執政官（前五九年）としてカエサルと激しく対立したが、カエサルのことを「ビーテューニア王妃」と呼んだという。

そういう政敵たちが仄めかしたかったこととは対照的に、彼はなかなか勇敢な兵士であったようで、前八〇年にローマがレスボス島の中心市ミュティレーネーを攻略した戦役では、市民冠を授けられている。これは同胞市民の命を救った者に授けられるもので、軍人としては大きな名誉の証であった。しかし、彼のどのような功績によるものなのか、具体的には伝わっていない。

こうして東方で過ごしているうちに、スッラが死去した(前七八年)という情報が届く。スッラは既に前八〇年に独裁官を退任し、前七九年には完全に政界を引退していた。もう長いこと病を抱えており、自らの死を予見して、身辺も整理していたという。カエサルはローマに戻ることを決意した。そこには、スッラの敷いた体制を再び覆そうと画策するマールクス・アエミリウス・レピドゥスの存在もあったという。レピドゥスは非常な好条件をちらつかせてカエサルを誘ったが、カエサルはレピドゥスの人柄にあまり信がおけないこと、また、言われていたほどに状況が整っていないことから、誘いを断った。その判断は正しかった。レピドゥスもローマ進軍を試みるが、結局鎮圧されたからである。

ドラーベッラ訴追

前七七年、ローマに帰ったカエサルは、グナエウス・コルネーリウス・ドラーベッラを不法誅求の罪で訴追する。ドラーベッラは前八一年に執政官も務めている有力者である。有力者を派手に告発する(かつ、あわよくば勝利する)ことは、政治家として名をあげる重要な手段の一つだった。典型的な例はキケローである。彼は前七〇年に、属州シキリアをひどく搾取したウェッレースを弾劾して勝利をあげ、弁論家の名声を確立する。被告側の弁護人に、当時ローマ第一の弁論家と目されていたホルテーンシウスがいたことが大きかった。ホルテーンシウスに勝ったという名声が、キケローの法務官職(前六六年)や執政官職(前六三年)の獲得を助けたことは間違いないだろう。

カエサルもこうした当時の風潮にならって大物を狙ったのだろう。ドラーベッラはスッラの息のかかった人物であり、カエサルの政治的方向性が現れてもいる。この告発は敗北に終わったが、スエートーニウスは、これ以後カエサルは「傑出した弁護人のうちに数えられるようになった」(「神君ユーリウス伝」五五)としているので、かなりの効果をあげたらしい。

弁論そのもののできばえも悪くなかったようである。タキトゥスの『弁論家たちについての対話』は、共和政期に比べて帝政期には弁論が衰退してしまった原因を対話形式で探る作品である。対話者の一人で、共和政期を理想とする人物は、若いうちから裁判で力を発揮した共和政期の弁論家を何人か挙げるなかで、カエサルとこのドラーベッラ訴追弁論も挙げ、「我々は、それらの弁論を今日もなお賛嘆しながら読む」(同三四)としている。

ちなみに、弁論の衰退は起こっていない、むしろ共和政期に比べて発展しているという立場の対話者(したがって、共和政期の弁論全般に対してそもそも批判的)に、タキトゥスは次のように言わせている――「カエサルに関しては、その企図が壮大で様々な事柄に心を占められていたせいで、雄弁の領域においては、神のごときその才能に見合う業績を残さなかったのだということは認めよう」(同二一)。

カエサルの優れた弁論能力については、キケローをはじめとする古典作家たちが称賛しているが、弁論活動そのものについては、比較的若年期の、政治家として売り出し中の頃のものについての証言が多い。執政官就任後は一〇年にわたって属州ガッリアで生活を送り、その後は内戦に突入し、内戦が終結したあと半年ほどで暗殺された彼であるから、確かに大々的に弁論活動を行う機会はあまりなかったかもしれない。

海賊討伐

さて前七五年、ドラーベッラからの報復を懸念したカエサルは、再びローマを離れることにした。裁判の結果を考えると少し皮肉のようだが、当時の修辞学の第一人者モローンの教えを受けるために、ロドス島を訪ねることにしたのである。なお、上流階級の子弟が教育の仕上げとしてギリシアに遊学することも当時の流行だった。キケローもこの数年前に、アテーナイ、小アジア、ロドス島を訪れ、アテーナイでは哲学を、小アジアとロドス島では修辞学を学んでいる(彼もロドスでは同じモローンの教えを受けた)。

ところが出航したカエサルを待っていたのは災難であった。彼の船は海賊に捕まり、彼自身は海賊の捕虜となってしまう。良い家柄の者を人質にして、家族から身代金を取るというのが海賊たちのやり口であった。その身代金が調達されるまでの一カ月以上もの間、彼は海賊たちのもとに留められていたが、少しも臆することなく、解放されたらお前たちを捕らえて処刑してやると息巻いていたという。

海賊たちはそれを笑いの種にしていたが、カエサルは、身代金が届いて解放されると直ちに、本当に艦隊を率いて海賊たちを捕縛した。そして属州アシア総督のもとに彼らを処罰するよう届け出たが、総督がなかなか対応しなかったので、カエサルは自ら海賊たちを磔刑にした。その後は予定通りロドスに渡り、一年ほどその地で過ごす。しかし彼は、ここでもただ修辞学に打ち込んでいたわけではなかった。例のミトリダーテースが、再び活動を開始し、ロドス島周辺のローマの属州領域を荒らしていたため、援軍を集めて撃退している。

これらのエピソードで気になるのは、彼が艦隊や援軍をどうやって調達できたのかということである。典拠となる古典作家たちはいずれも、その点についてほとんど何も述べていない。しかしいずれにしろ、このように軍隊を調達・組織し、指揮する能力を、彼は若い頃から発揮していたわけである。

本章で紹介したカエサルの活動は、ほとんど私人としてのもの、あるいは属州総督に登用されて行ったものである。しかし先にも述べたように、ローマで出世するためには、重要な公職を獲得していく――選挙に勝つ――ことが必須だった。次章では、実際に公職を獲得し、政界に出ていくカエサルの姿を追っていくことにしたい。

第2章
表舞台への登場

歴代の執政官の名を記した碑文(カピトリーノ美術館)

ここからカエサルはいよいよ政治の表舞台へと姿を現し、ついには執政官に就任するに至る。本章ではその頃までを扱う。獲得した公職とそのスピードだけ見れば、彼の道のりは非常に順調だった。しかし実際には、彼は頻繁に門閥派と競い合い、あるいは彼らからの妨害を受けている。執政官職をはじめとする地位は、彼がその争いを勝ち抜いて手にしたものなのである。公職の獲得以外に、この時期の彼に起こったこととして、もう一点非常に重要なのは、ポンペイユスおよびクラッススとの間に同盟関係――いわゆる「第一回三頭政治」――を築いたことである。これは、執政官退任後の属州としてガッリアを獲得したことも含め、カエサルの権力伸張に大きな意味を持つことだった。

なお、本章以下ではキケローについても折々触れることになるが、それは次のような理由による。キケローの経歴は、カエサルと色々な点で対照的である。したがって、キケローを比較例として出すことが、カエサル自身の経歴の理解を深めることになると思われるからである。また、この時期以後のカエサルの姿は、しばしばキケローの書簡が典拠となる。つまり私たちは、自ずとキケローの目を通してカエサルを見ることになる。そのため、キケローがどのような人物であるのか――言い換えれば、彼がカエサルにどのような眼差しを注ぎうるのか――知っておくことにも意味があると思われる。

1 「名誉の階梯」

公職の種類

当時のローマには様々な公の職務が存在したことは前章でも触れたが、中心となるのは「公職（マギストラートゥス）」と総称される幾つかの職務であり、エリートたちが目指すのもこれらの公職だった。そういう人たちが通っていく出世の道筋――「名誉の階梯（クルスス・ホノールム）」と称される――は基本的に決まっており、下から順に財務官、法務官、執政官である（巻頭の図も参照）。一般的には、この三つに加えて護民官や、造営官といった公職に就くことが多い。

以上の公職はすべて一年任期であり、同じ人物が長期にわたって同じ公職に在任することで横暴化したり、不正行為を働いたりすることのないようにしていた。また、いずれの公職も定員が複数のいわゆる「同僚制」を取っていて、一人の人物だけがその地位を独占することがないようになっていた。

このような制度の背景には、かつて王政だった時代に暴君が出現したという苦い過去がある。

王を追放し、代わりに一年交代の執政官を頂点とする共和政を打ち立てた（前五〇九年）ことは、ローマ人にとって大きな誇りであった。そして「王（レークス）」という言葉は、彼らにとってきわめて忌むべきものであった。後にアウグストゥスが政権を握ったとき、「第一人者（プリーンケプス）」という呼称を用いたのも、これと関係がある（この言葉は色々な社会やグループの中で、指導者たちや筆頭格の人々を指すのに用いられており、あまり強権的なイメージがついていなかった）。

一つの公職を務めたら、次の公職に就任するまで、最低二年は間をおかなくてはならなかった。カエサルやキケローは、法務官就任後、最短の二年をおいて執政官に就任しているが、見込まれる対抗相手によっては、自分の出馬時期を調整する必要もあっただろう。

公職の定員は、行政の複雑化や、支配領域の拡大に伴って増える傾向にあった。カエサルが「名誉の階梯」を昇っている時期について言えば、まず財務官は、もともと二名だったのが徐々に増え、独裁官スッラの立法により二〇名になっていた。スッラは法務官もそれまでの六名から八名に増員した（両方とも、後にカエサル自身がさらに倍増させる）。しかし執政官だけは常に二名であった。

執政官に就任するのは通常は一生に一度であり、しかも任期は一年である。そのため古典文献では、一般に年を示すのに「〜と…が執政官のとき」という表現が用いられる。就任が二回目以上の人物の場合は、その年が何回目の就任かということが並記される。仮に補欠執政官がいたとしても、正規の（最初に就任した）執政官の名前だけが使われる。執政官経験者（執政官格）は、元老院においても格上の存在とみなされた。また前述のように、執政官を出した家系は「ノービレース」となり、子孫にも特権がもたらされた。執政官職とはこのように高い権威と威信とを持つ公職であった。

執政官より上の常設の公職として、原則として執政官経験者から選ばれる監察官（任期一年半、市民原簿の更新、風紀監督が主たる任務）がある。非常に権威の高い地位であるが、執政官や法務官とは異なり、「命令権（インペリウム）」（公職に伴う様々な権限を総括的に指すが、とりわけ大きいのが軍事指揮権）は持たない。

また、本書でもしばしば言及する職務に「属州総督」がある。これも重要な公の職務であるが、この当時はほぼ、「公職者代理」というカテゴリーに属する人々が務めていた。たとえば「執政官代理」などと称されるが、この「〜代理」は、それぞれの公職に相当する権限を与えられている人、といった意味である。

属州には、法務官相当の命令権を帯びた人物が統治するもの（法務官格属州）と、同じく執政官相当のもの（執政官格属州）があり、それぞれ「法務官代理（プロープラエトル）」、「執政官代理（プローコーンスル）」が赴任した。すなわち「属州総督」という用語は、こうした属州の統治者を便宜上一括してそう呼んでいるものであり、原語のラテン語は単一ではない。カエサルの頃は、法務官なり執政官なりを務めると、退任後にはいずれかの属州に赴任する、というのが一般的であった。

選挙と民会

常設の公職はいずれも民会における選挙によって選出される。執政官および法務官の選出を行うのはケントゥリア民会であり、財務官はトリブス民会が選出した。二つの民会の一番大きな違いは、投票を行う単位(ケントゥリアかトリブスか)である。トリブスとは本来は部族の単位を意味していたが、後には領域を区分する単位となり、三五のトリブスが存在した。一方ケントゥリアは、本来は「百人隊」を意味する(実際の軍隊の構成とは無関係)。しかしこの時代、一ケントゥリア＝百人ではない。一九三のケントゥリアが存在し、まず騎兵(一八ケントゥリア)と歩兵に区分される。騎兵は既に別格の存在であり、歩兵の一七五ケントゥリアは、さらに財産に応じて第一～第五の等級(クラシス)、および第五等級にも満たない等級外の貧困層に区分されていた。

選挙の手順については、現存資料の中には不完全な証言しか残っておらず、また、その証言の解釈をめぐっても諸説あるため、ここで詳しく触れることはしない。ただ、基本的にかなり不公平なもの、すなわち支配層を優遇するものであったことは間違いない。たとえば、重要な二つの公職を選出するケントゥリア民会の場合、ケントゥリアごとに一票が割り当てられる形であったが、第一クラシスには当時七〇のケントゥリアがあり、したがって七〇票が割り当てられていた。これに騎兵たちの一八ケントゥリアを加えると、それだけで過半数に近くなる。しかし彼らの実際の人数が、過半数に近かったはずがない。すなわち彼らは、人数的には社会の中で少数派であったにもかかわらず、選挙では大きな影響力を行使できたことになる。

対するに「等級外」の人々は、全部ひっくるめてわずか五つのケントゥリアに入れられていた。彼らが何かを変えたいと望んでも、非常に難しかったことがわかるだろう。

選挙から少し話がそれてしまうが、民会(上記の二つに加えて、平民のみによる平民会もあった)は立法機関でもあり、重要な国事、たとえば戦争などの決定を行う場であった。しかしここでも、支配層が優位になる仕組みがあった。すなわち民会の召集権と提案権を持っていたのは特定の公職者のみであり、民会としては、提示された提案に賛成するか反対するかでしか、意志を表明することができなかった。

提案される事柄にしても、事前に元老院で決議され、「元老院の権威」をもって勧告されることがほとんどであり、そのため、事実上は元老院が決定機関といってよい状態であった(ただし、元老院の同意を得られない過激な提案を直接民会にかけ、成立させるという乱暴な方法が使われることもあった)。マリウスのところでも述べたように、それゆえ、ローマで政治的な力を発揮するためには、どうしても元老院議員に、それも格上の元老院議員になる必要があった。

元老院議員の地位と格

では、どうすれば元老院議員になることができたのか。公職者が選挙で選ばれたのに対し、元老院議員の選挙というものは存在しない。最初期に元老院議員となったのは、社会の中の立派で偉い人々、要するにパトリキイーであった。執政官あるいは監察官が適切な人物を議員として選出した時期もあったが、しだいに、高位の公職に就任することが、わかりやすい基準として用いられるようになっていく。そしてスッラの制定によって、財務官に就任すれば自動的に元老院議員の地位を獲得できるようになった。財務官自体は選挙で選ばれるので、事実上、元老院議員も選挙で選ばれていたことになる。また、財務官の定員増員は、元老院議員への道を広げることも意味する。

一年任期の公職とは対照的に、元老院議員は原則として終身である。ただし時に監察官が、不適切な人物を排除することがあった。十分な財産基準を満たさない、あるいは道徳的に堕落している、といったことが追放の理由となるが、政治が絡む場合もあったようである。たとえば歴史家サッルスティウス（前八六頃〜三五頃）も前五〇年に追放されているが、その裏には、前五二年に護民官を務めた際の活動があったと推測されている。

何とか財務官職を獲得して元老院議員となっても、ここでもまた、序列の下の者が政治に影響を及ぼすことを抑制する仕組みがあった。元老院における議決の取り方は、執政官が議長となり、議題について議員たちから見解を求め、採決を取る、という形で行われる。どの見解を採決にかけるかは議長の裁量に委ねられており、したがって気に入らない見解は無視すればよかった。また見解を求められるのは、通例、まず監察官格(現役の監察官も含む。以下同じ)の人々からであり、次いで執政官格、法務官格と続く。最も格下である財務官格の人々は、そもそも見解を求められることすらなかったと考えられている。採決は挙手ではなく、見解を表明した人のもとに集まることで支持を表明したため、こういった格下の議員たちは「足で意見を表明する人々」という名で呼ばれることもあった。

2 カエサルの初期の公職

神祇官

ここからはカエサル本人の「名誉の階梯」を、同時期の出来事を織り交ぜながら見ていくことにしよう。前章の終わりで述べたように、カエサルはロドスに渡ったが、その地で一年ほどを過ごした後、ローマに帰国することを決める。ウェッレイユスによれば、それは神祇官に選ばれたためであった。神祇官はローマの主要な神官職の一つで、暦の管轄、年ごとの主要な出来事の記録、国の祭祀の監督など、多岐にわたる役割を持つ。このとき、その一人が死去したため、補充としてカエサルが選ばれたのである。なお、選出は残った同僚たちが行う。

かつてカエサルが失ったユピテル神官職もそうだが、こういった主要な神官職には名誉と権威が伴い、また、例によって古い名門の家柄の人が就任しがちであった。たとえば「新人《ノウス・ホモー》」であるキケローも、鳥卜官という、やはり主要な神官職を獲得している。しかしそれは前五三/五二年で、当時彼は五〇歳を超え、既に前六三年に執政官も務めた格上の政治家であった。鳥卜官に就任したことを彼は非常な名誉と思って喜んでいるのだが、彼の入る枠を作ったのは、パルティア戦争で戦死した、彼より遙かに若いプーブリウス・リキニウス・クラッススであった。このクラッススは後述のクラッススの息子である――メテッルスがマリウスに、自分の息子と同じ時に執政官選挙に出ればよい、と言った話(一八頁)を思い出させる。

先にスッラとその体制に反抗的なカエサルの行動を紹介した。そういった行動はこの後も見られるものであるが、そうはいってもやはり、彼も当時の特権階級の一人であり、その立場から利を得ていたことは間違いない。また、もし彼が本当に頑迷な反体制派だったら、スッラの影響がまだ残っている体制の下で神祇官に選出されることも、そもそもあり得なかっただろう。

軍団副官

ローマに帰国したカエサルは、前七三年、軍団副官にも選出された。軍団副官（トリブーヌス・ミーリトゥム）は一軍団につき六名おり、二名が二カ月ごとに交代でその軍団を指揮する。しかし作戦などについて責任を持つわけではなく、決定権もない。慣例として、全軍団副官のうち二四名は、毎年選挙で選ばれる。彼らは「人民選出による軍団副官」として他の軍団副官とは区別される。また、公職の序列としては財務官のすぐ下に位置した。

軍団副官としてのカエサルの軍務については特に知られていない。だが、この時期の彼が、やはり反スッラ的、あるいはマリウス派に同情的な活動をしていたことが伝わっている。スエートーニウスによれば、スッラが縮小した護民官職の権限を元に戻そうとする動きが当時あり、カエサルは、その主導者たちに大いに協力した。また、かつてレピドゥスの反乱（四〇頁）に加担し、その後ヒスパーニアに逃亡していた人々（その中には、妻の兄弟キンナもいた）の復帰を提案したプローティウス法の成立を彼は熱心に支援し、自らも政治集会を開いたという。

ポンペイユスとクラッススの執政官就任

この少し後の前七〇年に、後にカエサルと政治的同盟を結ぶことになる二人、グナエウス・ポンペイユス・マグヌス（前一〇六～四八）とマールクス・リキニウス・クラッスス（?～前五三）

図2−1　ポンペイユス像（コペンハーゲン，ニイ・カールスベルグ・グリプトテク美術館）

が執政官に就任する。既に触れたように、この二人はともに内戦ではスッラ側につき、功績を挙げた。

特にポンペイユスの活躍はめざましく、スッラは彼を大いに評価し、引き立てた。その一つに、凱旋式の挙行がある。本来、公職者以外は凱旋式を挙行できないのだが、ポンペイユスは法務官代理の資格で行った戦いについて、凱旋式の挙行を許されている。さらに内戦の終結後も、レピドゥスの反乱の鎮圧や、ヒスパーニアにおける対セルトーリウス戦争の指揮を執り、成功をおさめている。その軍事指導力にものを言わせて、彼はこの執政官職をいわば強奪した。

というのも、ポンペイユスは前一〇六年生まれである。執政官に就任する年齢は四三歳以上という原則があったため、彼の就任は極端に早かった。それどころか、執政官職は彼が最初に就いた公職であった。つまり、そこまでの「名誉の階梯」を全て飛ばしているのである。このような異例のことがまかり通ったのも、戦争における彼の圧倒的な強さゆえであり、またそれに政権が頼らざるを得なかったためである。強大な軍事指導者の前には、従来の統治の仕組みがいとも簡単に無視されてしまう状況だった。

ポンペイユスと比べるとクラッススの戦果はどうしても見劣りするが、有名なスパルタクスの乱(前七三〜七一年)を鎮圧したのは彼である。前三世紀末から、複数の執政官を出している名家の出身である。彼はまた、大金持ちとしても名高く、多くの政治家に大金を用立てており、当然、それらの政治家に影響力を行使していた。あまり直接目立った動きは見せないものの、こうした形で、政治を裏から操る力を彼は持っていた。後述のカティリーナの陰謀事件でも、当初はカティリーナに協力していたらしい。なお、カエサルもクラッススから資金援助を受けた一人である。

図 2-2　クラッスス像

スッラのもとで頭角を現してきた両執政官であったが、スッラの政策はあまり尊重せず、たとえば護民官職の権限も元通りにもどしている。また、騎士階級も再び審判人に戻した。ただし今度は、元老院議員階級と騎士階級、さらに財産上騎士に次ぐ存在である準騎士階級の三つの階級から審判人が選ばれることになった(しかし後に、独裁官となったカエサルが準騎士階級を排除した)。執政官選挙に際しては協力関係にあったものの、就任後の彼らはたいそう仲が悪く、ことごとく対立し、彼らの任期はほとんど何も生み出さずに終わった。

財務官

さて前六九年(一説には六八年)、カエサルは財務官に就任する。軍団副官就任から時間が経っているように見えるが、スッラの法により、財務官の就任年齢は三〇歳以上と定められていた。この機会に言っておくと、ローマの公職者は全てが同じ日に着任するわけではなかった。当時、たとえば執政官や法務官は毎年一月一日に着任したが、財務官の着任日は就任する年度の前年の一二月五日で、護民官は同じく一二月一〇日だった。

財務官には、首都ローマを担当するもの、イタリア担当のもの、属州総督付きのものの三種があった。カエサルは属州ヒスパーニア・ウルテリオル総督付きとなり、総督アンティスティウス・ウェトゥスの指示で属州内の巡回裁判を担当した。このような職務内容からすると、「財務官」という訳語は多少違和感を与えるかもしれない。実際には、この公職の職務内容は様々であり、財務管理はその一部にすぎない。たとえばカエサルのように属州総督付きの場合、総督の補佐として、司法や軍隊指揮を担当することもあった。しかし「財務官」は従来一般に用いられてきた訳語であるので、本書もそれを踏襲する。

ヒスパーニアにおける、カエサルの財務官としての活動については大した証言がない。ただ、任期が終了し、属州から帰国する途上で、カエサルはポー川以北の同盟諸都市を訪れ、ローマ市民権を求める彼らを煽動しようとした。しかし失敗に終わっている。

おばと妻の死

一方この年、家族には不幸があった。カエサルが属州に赴く前に、おばユーリアと、妻コルネーリアが死去したのである。カエサルは彼女たちを称える葬礼演説を中央広場(フォルム・ローマーヌム)で行った。スエートーニウスによれば、このとき彼はおばの(すなわち彼自身のでもある)系譜をたどり、先祖が女神ウェヌスにまで遡れることを誇らかに語ったという。

この二つの葬礼演説についてはプルータルコスも伝えているが、彼は違う側面に注目する。まず、ユーリアの葬礼演説では、カエサルがマリウス像をその場に持ち出したことを伝える。マリウスは公敵とされ、その像が公の場に登場したのは内戦以来初めてであった。カエサルの行動を非難する人々もいるなか、民衆はむしろ熱狂的に迎えたという。一方、コルネーリアのような若い女性のために葬礼演説を行うのは前例のないことだった。しかし人々はそこにカエサルの優しさを感じ、むしろカエサルの人気は高まったという。コルネーリアとの間にはユーリアという娘があり(?~前五四)、これがカエサルにとって唯一の確実な実子である。

なおカエサルは、属州からローマに帰ったあと、新たな妻ポンペイアを迎える。彼女の母方の祖父は、かのスッラである。父方の祖父クィーントゥス・ポンペイユス・ルーフス(前八八年の執政官)もスッラ派だった。親マリウス派という姿勢を見せる一方で、カエサルが主流派にも歩み寄りを見せていたことをうかがわせる。キンナの娘の後にスッラの孫娘とはずいぶん極端だが、両伝記作家は特に何のコメントも加えていない。とりわけ、コルネーリアの葬礼演説への反響を伝えたプルータルコスは、ポンペイアがスッラの孫娘であること自体を伝えていない。単純に知らなかったのか、それとも説明に困って省略してしまったのだろうか。

ポンペイユスへの援護

先に説明したように、財務官となったことでカエサルは元老院議員にもなった。彼は早速、目立つ活動をしている。当時(前六七年)、海賊の跋扈が大きな問題となっており、ローマも早急な対応を迫られていた。穀物の輸送も滞り、食糧不足の危険さえあったからである。そこに護民官アウルス・ガビーニウスが、海賊討伐の将軍となる人物に特別な権限を与えるべしという提案を行う。すなわち、地中海沿岸一帯において有効で、それも同地域の属州総督たちよりも上級、しかも最初から三年にわたる(通常は一年で、戦況に応じて延長される)という極めて異例な執政官相当命令権を与え、さらに国庫を自由に使える権利、副官の任命権など、もろもろの特権も与える、といったものである。

名指しはされていないものの、これがポンペイユスを念頭に置いていることは明らかであった。元老院は、強大で長期間の軍事指揮権と、ほとんど独裁的な裁量を一個人に与えるこの提案に激しく反発した。ポンペイユスがその気になれば、かつてのスッラのように、「ローマ進軍」をすることも可能なのである。しかし結局、この法案は民会決議によって成立する。このとき、元老院ではすべての人々が反対した中で、たった一人カエサルのみが賛成したという。プルータルコスはカエサルのこの行為を、ポンペイユスのためなどではなく、民衆の利益を考えてのことであったと説明するが、あまり説得的ではない。

海賊討伐の指揮権を与えられたポンペイユスはローマを去る。翌年、さらにミトリダーテース戦争の指揮権をも彼に委ねるマーニーリウス法が成立した。これにより、ポンペイユスは長期にわたってローマを留守にすることになったが(前六二年イタリアに帰還)、不在の間も、その強大な軍事力を背景にローマの政治に圧力をかけ続けた。

このマーニーリウス法では、ポンペイユスにさらに広汎な地域に及ぶ権限を、それも無期限で与えることが提案された。しかもミトリダーテース戦争は、既に門閥派の大物の一人ルークッルスが指揮していたので、彼からその指揮権も配下の軍隊も奪うことになる。しかし今度は、前ほどの反発はなかった。プルータルコスによれば、門閥派は結束して法の成立を妨げようとしたものの、いざとなると怖じ気づいてしまったという。この年に法務官だったキケローは、積極的な支持演説すら行っている(『マーニーリウス法弁護』)。執政官を目指す彼にとって、ここでポンペイユス支持を表明しておくことは得策と思われたにちがいない。

高等造営官

さてカエサルの方は、前六五年、次なる公職として造営官職を獲得する。造営官には、高等造営官と平民造営官の二種があり、カエサルが就任したのは前者である。彼らの職務は、やはり訳語からは少々連想しにくいが、ローマ市の道路や公共建造物、市場などの管理・監督であり、また、祭りにおける催し物(舞台や剣闘士競技など)の提供も担当した。これらの催し物の経費は国費でまかなわれるものではあるが、造営官が自己負担で、それぞれを増額することもできた。したがって、やりようによっては莫大な資金をつぎ込んだ、極めて豪勢な催し物を提供することも——そして選挙における人気獲得の材料とすることも——可能であった。カエサル自身もこのとき、野獣狩りや演劇、そして大規模な剣闘士競技会を催したと伝えられている。

この造営官在任中に、カエサルはまたしてもある大胆な行動に出ている。スッラ時代に破壊されていたマリウスの戦勝記念碑を作り直させ、夜間にこっそりカピトーリウム丘に運ばせて再建したのである。

反響は大きかった。もちろんマリウス支持者たちは大いに喜び、カエサルこそがマリウスの後継者であると歓呼したという(マリウスの人気は後々までも非常に高く、前四五年に至っても、彼の孫を騙る者が出現しているほどである)。体制側も別の意味で黙っておれず、この件は元老院で扱われ、カエサルは弾劾を受けた。しかし彼は演説によって元老院を言いくるめてしまった。このことは、前にも触れた彼の弁論能力を示すものとも言えようが、一方で、マティアス・ゲルツァー(ローマ史家、カエサルの人物伝も記す)も指摘しているように、既に元老院にもカエサルの味方が少なからずいたことを示すものでもあろう。

3　執政官選挙出馬まで

大神祇官職および法務官職の選挙

その二年後の前六三年は、カエサル自身にとっても、ローマにとっても、様々な出来事が起こった年だった。まず彼はこの年、大神祇官職の選挙に当選し、かつ、法務官職の選挙にも当選を果たしている(就任そのものは翌年)。大神祇官は、カエサルも既にその一員である神祇官団の長に相当し、選挙によって選出されていた。ひとたび選出されると任期は終身である。このときは、前任のクィーントゥス・カエキリウス・メテッルス・ピウス(マリウスと対立したメテッルスの息子)が死去したため、選挙が行われた。

ここまでのカエサルの順調な出世ぶりや、彼が既に獲得していたと思われる人気からすれば、法務官当選はそれほど驚くべきことではないだろう。伝記作家も、この選挙についてはほとんど何も語っていない。彼らが注目するのは、大神祇官の方である。それももっともであって、このときカエサルと争ったのは、クィーントゥス・ルターティウス・カトゥルスと、プーブリウス・セルウィーリウス・ウァティア・イサウリクスで、ともに既に執政官を務めた人物であった。

特にカトゥルスの方は、既に監察官までも務め、当時、門閥派の指導者と目されていた人だった。父親の代からマリウスに敵対的であり(この父は、マリウスとキンナのローマ制圧の際に自殺に追い込まれた)、彼自身の執政官在任時(前七八年)には、同僚だったレピドゥスの反乱を鎮圧するのに功績をあげている。

プルータルコスによると、カトゥルスは選挙結果を危ぶみ、大金と引き替えにカエサルに立候補を取りやめるよう交渉した。しかしカエサルは、より多くの金を借りてでもたたかうと突っぱねたという。結果はカエサルの圧勝であった。

カエサルの借金の話も有名で、既に若い頃から莫大な負債を抱えていた。カトゥルスもそれを知っていて話を持ちかけたのだろう。実際、カエサルにはかなりの贅沢趣味があったとも伝えられているが、単に自分の贅沢のためだけではなく、選挙民を惹きつけるためにも莫大な金が必要だった。造営官当時の見世物もその一例である。

カエサルの場合はだいぶ極端だったようだが、選挙活動の一環として大金をつぎ込むことは、このころ普通に行われていた。しかし誰もが潤沢な資金があるわけではない。土地は持っていても現金はそれほどではない人が多く、そして土地はなるべく売りたくない。手っ取り早く資金を調達する方法の一つは、属州における搾取であり、戦争での略奪であった。カエサルも、とりわけガッリア総督時代に、借金を清算しても余りあるほどの富を形成することになる。

カティリーナの陰謀

同じ前六三年、ローマである大きな事件が起きる。没落したパトリキイーのルーキウス・セルギウス・カティリーナが起こした国家転覆の陰謀である。もともとはスッラの部下で、スッラの支配後、国家を我がものとしたいという欲望にとりつかれ、そのためには手段を選ばない気になっていたというカティリーナは、この前六三年の執政官職獲得を目指していた。だが、体制側は彼の野望を退けるべく、同じく立候補していたキケローの支援に回り、カティリーナは落選した。彼は引き続き翌年の執政官を目指したものの失敗し、もっと確実に、暴力的に支配権を奪おうと画策する。

すなわち、重い負債に苦しむ者、混乱に乗じて一旗揚げようという者、現行の体制に不満を抱く者等々、様々な事情を抱える様々な階層の人々を彼は組織し、首都ローマにおいてのみならず、イタリア全土に及ぶ革命を企てたのである。ポンペイユスが遠く離れた東方にいるという状況も、彼を勢いづかせたという。

この前六三年の執政官だったキケローは、元老院を導き、陰謀鎮圧に大きな役割を果たした。事前に密告を受けていた彼は、しかしなかなか有力な証拠を押さえられずにいたが、一一月七日、暗殺者の襲撃を受ける。地方で集めていた私兵と合流すべくローマを去ろうとしていたカティリーナが指示したのである。これも事前に密告され、キケローは無事だった。

事態に震撼したキケローは翌八日、元老院を召集し、平然と出席してきたカティリーナを非難し、彼の陰謀の計画を暴露する。有名な『カティリーナ弾劾』第一弁論は、このときのものである。これに対してカティリーナは、臆することなくキケローの主張を虚偽と反論し、よそから出てローマ市民となった者(前章で述べたように、キケローの出身地アルピーヌムは遅れてローマ市民権を獲得した)などよりも、先祖代々ローマの平民に尽くしてきたパトリキイーである自分のことを信じてくれと言ったという。

しかし議員たちの激しい怒号を浴びた彼は元老院を後にし、さらにローマを発った。ローマに残った彼の仲間たちは、なおもカティリーナにかけられた容疑を否定して、キケローの妨害を試みる。数日後、カティリーナが軍隊と合流したことがローマに伝わり、彼は公敵と宣告された。さらにその後、陰謀の加担者の名を具体的に記した未開封の(すなわち偽造の可能性のない)書簡が押収され、これが動かぬ証拠となって、一二月三日、ローマに残っていた陰謀者たちは一斉に逮捕された。

このときカエサルは、人目を引く行動を取っている。一二月五日、逮捕された陰謀者たちの処遇をめぐって元老院で議論が交わされた時、厳罰を提案する人が続くなか、彼は自分が見解を述べる順が回ってくると、温情ある措置を提案した。すなわち、陰謀者たちの財産を没収し、当人たちはイタリアの地方都市に分散させて恒久的に軟禁状態におく、とするものである。

図2-3　キケロー像(カピトリーノ美術館)

今度はその見解に影響を受ける人が続出したが、さらに後に順番が回ってきたマールクス・ポルキウス・カトー(前九五～四六。「小カトー」または「ウティカのカトー」とも称される)が断固とした対処を要求する。同名の、厳格で名高い先祖(前二三四～一四九。「大カトー」あるいは「監察官カトー」とも称され、キケローの対話篇『老年について』の主役でもある)を持つ彼は、この後も、とりわけ保守的な門閥派として活動し、カエサルと敵対する人物である。サッルスティウスは『カティリーナの陰謀』で、このときの二人とその人物像を鮮やかに対比して描いている。

カトーの演説を受け、ふたたび議員たちの心は厳罰へとなびき、結局、陰謀者たちの死刑が決定された。一晩おいてまた情勢が変化することを懸念したキケローの采配で、処刑はその日のうちに執行された。非常事態だったとはいえ、裁判を行わずに市民を処刑するというのは異例のことであり、この処置がもとで数年後にキケローは亡命に追い込まれることになる。カティリーナ自身は、国の派遣した軍隊と激しく戦い、戦死を遂げた(前六二年一月)。

カエサルは死刑が決定された後もなお、反対を続けていたが、元老院が安全に審議できるよう、キケローの要請で護衛のために集まっていた人々がそれに怒り、ほとんどカエサルを殺しそうになった。何とかカエサルの仲間が、彼を抱きかかえて助け出したという。

カトゥルスへの攻撃

さて前六二年が明け、カエサルは法務官に着任した。法務官時代の彼は、色々と面倒を起こし、あるいは巻き込まれ、一時法務官の職務を停止されてもいる。まず就任日当日に、彼は早速一つの行動を起こした。ルターティウス・カトゥルスに対する攻撃である。すなわち、カトゥルスに委任されていたカピトーリウム神殿修復を彼から取り上げ、他の人に委任すべしと提案したのである。公金横領の疑いありとし、収支を明らかにするよう求めるという、監察官まで務めたカトゥルスに対して侮辱的なものだった。

このカトゥルスは、大神祇官長選挙でカエサルと争ったカトゥルスと同一人物である。前述の通り、当時の門閥派の中で指導者的な存在であり、実はこれまでもカエサルに対して、しばしば敵対的な言動があった。たとえばカエサルがマリウスの戦勝記念碑を再建した時、元老院で彼を激しく糾弾したのもカトゥルスであった。さらにサッルスティウスによれば、カトゥルスは大神祇官職落選の恨みから、賄賂や嘘の証人を使ってでも、カエサルがカティリーナの陰謀に加担していたことにしようと画策したという。カエサルとしてもやり返しておきたいところだったのだろうが、門閥派が力を合わせて妨害したため、彼のもくろみは失敗に終わった。なおカトゥルスは、この後まもなく亡くなっている。

メテッルス・ネポースへの協力

次にカエサルが手をつけたのが、同じ前六二年の護民官であるクィーントゥス・カエキリウス・メテッルス・ネポースへの協力である。ネポースはポンペイユスの東方遠征に副官として同行していたのだが、護民官選挙出馬のため、前六三年の前半にローマに帰国していた。人々は、ポンペイユスの指示で動いているに違いないネポースの動向に注目していた。

ネポースは着任すると早速、カティリーナの一件の処置をポンペイユスに一任すべしとするなど、ポンペイユスに特権を与える強引な法案を提示し、門閥派の反発を招く。とりわけ、同じくこの年の護民官の一人であったカトーは激しく反発した。だがカエサルはネポースを支援した。

法案の採決にあたり、ネポースは剣闘士や奴隷を武装させ、カトーが拒否権を発動することを暴力で防ごうとした。実際カトーは棒や石で(市内での武器の携行は禁止されている)攻撃され、一時撤退を余儀なくされる。しかし、すぐまた態勢を整え、仲間を連れて引き返してきたため、ネポースも断念せざるを得なかった。混乱した事態を重く見た元老院は、ネポースとカエサルに職務の停止を命じた。ネポースはポンペイユスのもとへと逃げ帰り、カエサルは自宅にこもった。多くの人が彼を訪れ、彼の復職のために暴動を起こすことすら厭わないという姿勢を示すが、カエサルは彼らを押しとどめた。そのため元老院は、かえってカエサルに感謝を表明し、職務への復帰を認めざるを得なかった。

ウェッティウスとクリウスによる告発

さて、次にカエサルを待っていたのは、カティリーナの陰謀に関与していたという告発である。これはルーキウス・ウェッティウスと、クィーントゥス・クリウスという二人の人物によってなされた。この二人はともに、カティリーナ事件の際に、最初は陰謀に関わりながらも、後に密告者に転じ、キケローに協力した人物である。

カエサルはこれに徹底的に抗戦し、告発者たちに報復した。彼は、むしろ自分も陰謀についての情報をキケローに知らせていたことを、キケロー自身に証言してもらい、疑いを晴らすとともに、元老院を動かして、クリウスが密告について何の褒賞も受け取ることができないようにした。ウェッティウスについては、家財を没収し、中央広場にある演壇の前で激しくむち打たせ、さらには投獄した。

このウェッティウスは、後に(前五九年)今度はカエサルに協力して、カエサルらに敵対する若者にポンペイユス暗殺計画の濡れ衣を着せるという仕事を請け負った。しかし計画はうまく行かなかった。ウェッティウスは投獄され、そこで殺された。スエートーニウスは、彼がカエサルによって毒殺されたという説を伝えている。

ボナ・デア事件

さらにこの年の終わり、カエサルは家族のスキャンダルにも巻き込まれる。プーブリウス・クローディウス・プルケルという、名門のパトリキイー出身の若者が、カエサルの妻ポンペイアに懸想し、思いを遂げようとカエサルの家に忍び込んだのである。それはボナ・デアという女神を祀る、男子禁制で夜通し行われる祭儀が行われている最中のことだった。これは国家の祭儀であり、毎年いずれかの公職者の家で行われることになっていたが、たまたまこの年はカエサルの家が担当であった。とはいえ男子禁制の祭りであるので、主であるカエサル自身もその晩は留守にしていた。クローディウスはこの隙を狙い、女装までして下女の手引きで侵入したものの、見つかり、正体もばれ、ただ何とか現行犯逮捕はされずに逃げおおせた。

まるで喜劇にでも出てきそうな話だが、国家の祭儀を汚したということで大きな騒動となり、神聖冒瀆の裁判にまで発展した。このときのカエサルの態度は伝説的である。彼は直ちにポンペイアを離縁したが、クローディウスの裁判において証言を求められると、断固として自分は何も知らないと主張した。ではなぜ離縁したのかと人々が訊ねたところ、自分の妻は、不義の疑いすらかけられてはならないから、と答えたという。

ゲルツァーも言うように、こういうやり方で、彼は「妻を寝取られた男」と嘲笑されかねない自分の体面も守ったし、クローディウスにも恩を売った。陰謀に加わった疑いをかけられた時とは違う。クローディウスに徹底的な復讐をしたら、みっともないだけだろう。敵対者たちには絶好のからかいの種を与えることになる。後に『内乱記』で自ら言っているように、彼にとって、おのれの威信(ディーグニタース)は「命そのものよりも大事なもの」なのである。

対照的な行動を取ったのがキケローである。クローディウスは、現行犯逮捕されなかったのをよいことに、自分は事件当日ローマから一〇〇キロ以上離れた、インテラムナという町にいたと主張した。だがキケローは、事件の数時間前に自分がクローディウスと会ったことを証し、クローディウスのアリバイを崩してしまった。裁判の結果は、クローディウス側があらゆるコネと賄賂を使ったことで勝利したが、このことでクローディウスはキケローに深い恨みを抱くようになる。

ポンペイアを離縁したカエサルは、前五九年にカルプルニアという女性を妻に迎える。彼女がカエサルの最後の妻である。

ヒスパーニア・ウルテリオル総督

前六一年、法務官の任期を終えたカエサルは、総督として属州ヒスパーニア・ウルテリオルに赴任した。ここでも借金の話がつきまとっており、カエサルのもとに多くの債権者が詰めかけ、彼を訴追して属州へ出発するのを妨げようとしたという。公職在職中は訴追を受けないという決まりがあったため(逆に、裁判で係争中の人は公職選挙に出ることができない)、彼が法務官を退任したタイミングを狙ったのだろう。このときカエサルの窮状を救ったのはクラッススであった。

なお、このような訴追は当時しばしば政敵にダメージを与えるべく取られた手法であり、たとえば属州総督を退任するや、不法誅求罪に問われるということはよくあった。そのため身に覚えのある人物は、任期が切れる時には何かが起こることを覚悟しなくてはならなかった。そしてその人物が強大な権力の持ち主であったら、保身のために何か強引なことをしかねないことを、敵の側も警戒しなくてはならなかった。それはまさにカエサルのガッリア総督の任期が切れるときに起きることでもある。

ヒスパーニアでは幾つかの戦争を行い、ルーシターニー族を破るなどの成果をあげた。また、多くの町と個人的に友好関係を結んだ。しかし一方で諸資料は、カエサルが無理に事を大きくし、しなくてもよい戦いまで行ったことを示唆している。たとえばスエートーニウスは、ルーシターニー族の幾つかの町が、カエサルの命じたことに従い、城門も自ら開けて彼を迎え入れたにもかかわらず、ひどく略奪されたと伝えている。カエサルとしては、略奪から得られる富も必要であったし、また、軍隊との結びつきを強め、強い将軍という名声を得ることも必要だったのだ。ポンペイユスと比べれば、まだ遙かに見劣りする状態であるが。

執政官選挙出馬へ

属州での成果をもとに、カエサルは、任期を終えてローマに戻るに際し、凱旋式の挙行を希望した。さらに彼は、前五九年就任の執政官の選挙（実施は前六〇年）にも出たかった。だが、これには難しい問題があった。というのも、前六三年以後、選挙運動は、ポーメーリウムと呼ばれる、古い時代のローマ市の境界線に由来する区域内で行わねばならないという決まりができていた。一方、凱旋式を挙行するには、その将軍が命令権を有している必要があった。彼らの命令権は、本来の任期を多少過ぎても維持できたが（属州が遠隔の地にも及ぶようになったことが背景にある）、ポーメーリウムを越えると同時に失われるという決まりであった。

したがって、既に任期を終えている将軍が、凱旋式を挙げる前にポーメーリウム内に入ってしまうと、その時点で凱旋式を挙げる権利を失ってしまう。また、凱旋式挙行には国の許可が必要なのだが、敵対者たちがそれを妨害し、遅延させることもよくあった。たとえばポンペイユスからミトリダーテース戦争の指揮権を途中で奪われたルークッルスなどは、前六三年までポーメーリウム外で待たされている。カエサルの場合も、カトーによる妨害があった。こうしてカエサルは、凱旋式か執政官選出馬かの選択を迫られる。彼が選んだのは後者だった。

4 「ユーリウスとカエサルの年」

執政官選出

選挙には、彼の他にルーキウス・ルッケイユスとマールクス・カルプルニウス・ビブルスが出馬していた。カエサルは豊かな資金を持つルッケイユスと選挙協力をすることに決め、スエートーニウスによれば、両者の連名で、ルッケイユスが人々に金をばらまくことになっていた。ルッケイユスの方はカエサルの人気に頼ることができるわけである。この事態を危惧した門閥派は、ビブルスに資金を投入し、結局、カエサルとビブルスが当選した。

門閥派はビブルスを立てることにより、カエサルに歯止めをかけることを見込んでいたのだろうが、結局、ビブルスは何一つ役に立たずに任期を終えることになる。反発しても何の効力もなく、すべて相手の思うままになっていくのに嫌気が差し、任期の途中でいわば職場放棄し、退任まで八カ月の間、自宅に籠もったのである。こうして片方の執政官がいないも同然となったため、この年を「ユーリウスとカエサルの年」と冗談で記す人も出たという(四八頁参照)。

このビブルスは、高等造営官職、法務官職でもカエサルの同期であり、高等造営官のおりにも、祭りにおける自分の貢献がカエサルの陰に隠れてしまうという悲哀を味わっていた。彼はカトーの女婿でもあった。カエサルに対して激しい嫌悪を抱き、前章で触れたように(三九頁)カエサルとニーコメデース王との関係をはじめとして、しきりと中傷は行ったが、しかしそれだけであった。

ビブルスにこのような無力感を抱かせたのは、カエサル一人の力によるものではない。このころカエサルは、ポンペイユスとクラッススという二人の権力者と同盟を結んでいたのである。

ポンペイユス、クラッススとの同盟結成

これまでにも見てきたように、カエサルはポンペイユスに対して、とりわけ過去数年においては積極的な支持を示してきた。

またクラッススとの間には(資金面でのバックアップも受けたが)、政策面での共通点が見られ、そこには何らかの協調関係があったと推測されている。たとえば前述のように、カエサルはポー川以北の諸都市を煽動しようとして失敗したことがあった。一方クラッススは、前六五年に監察官に就任して、これらの都市に市民権を与えることを画策するものの、同僚である例のカトゥルスの妨害により、やはり失敗した。また、ちょうどその年に造営官だったカエサルは、退任後に、おりしも内政混乱が生じたエジプトに特別な命令権を伴って派遣されることを求めて活動している。これも失敗に終わったが、彼のこの活動は、同時期にエジプトをローマの属

州にしようとしていたクラッススの動き(やはりカトゥルスの妨害で失敗)と連動していたものと推測されている。

したがって、カエサルがポンペイユスとクラッススのそれぞれと同盟関係を結ぶことは不思議ではない。ポンペイユスの強大な軍事的権力も、クラッススの途方もない財力も、彼にとっては大きな魅力だったに違いない。既に数年来、彼は色々な政治的攻撃を受けるようになってきており、強力な同盟者を得ることは身を守るためにも重要だった。だが、極めて不和であるクラッススとポンペイユスが手を結ぶのは、容易ではなかったはずである。そしてこの二人が結託しているということこそが、(少なくとも最初のうちは)この同盟の要であり、門閥派にとっては脅威となったはずである。

前六〇年一二月にアッティクス(ティトゥス・ポンポーニウス・アッティクス。キケローの長年の親友。『アッティクス宛書簡集』の名宛人。豊かな騎士階級の人物で、カエサルをはじめとして、多くの政治的有力者と良好な関係を築いていた)に宛てた書簡で、キケローはある人物が自分にもたらした情報として、「カエサルは(中略)ポンペイユスとクラッススの仲を取り持つのに力を尽くすつもりでいる」(『アッティクス宛書簡集』二・三・三)と書いている。

この口ぶりからは、カエサルがポンペイユスとクラッススのそれぞれと既に関係を築いていることがうかがえ、また、最終的に両者を結びつけようと動いていたのがカエサルであることもわかる(このことについては、伝記作家たちの証言も一致している)。それを実際にいつ、どうやって実現したのか、しかも、そもそもこの二人からすれば格下の存在であるカエサルが、単に彼らの仲を取り持つだけでなく、どうして彼らと肩を並べて三人組を組むに至ったのか、残念ながら具体的な過程はわからない。

ただ、後で説明するように、ポンペイユスは当時、門閥派からの反発に悩まされていた。また、上記のようにクラッススも、自分の目論見を門閥派に妨害されている。その点で両者には共通の利害関係があった。先見の明に欠ける門閥派の闇雲な反発が、カエサルに有利に働いたということはあるだろう。

同盟関係を固める常套手段として、カエサルは自分の娘ユーリアを、少し前に妻を離縁して独り身だったポンペイユスに嫁がせている(前五九年四月末)。相当に年齢差があるはずだが、このような結婚も、当時としては別に珍しくなかった。

ところで、この三人の同盟関係は、従来しばしば「第一回三頭政治」と呼ばれてきた(便宜上、以下でも彼らの同盟を「三頭政」という用語で表すことにする)。だが、この「第一回」に対する「第二回」目の三頭政治、すなわちオクターウィアーヌス、アントーニウス、レピドゥスによる三頭政治(前四三年成立)が、「国家再建三人委員会」という公式の機関として、元老院の委任を受けていたのとは異なり、カエサルらの同盟は全く私的なものである。その私的な同盟関係が国政に圧力をかけ、動かしていく。

その具体例が、後述の農地法の成立であり、カエサルのガッリア総督の地位獲得である。また彼らは選挙にも圧力をかけて支配し、彼らの息のかかった人物ばかりが執政官に当選するようになる。たとえば、先にも触れたように、カエサルはこの前五九年にカルプルニアという女性と結婚する。すると、彼女の父親(ルーキウス・カルプルニウス・ピーソー・カエソーニーヌス)が前五八年の執政官に当選する。当然彼は、ガッリア総督としてローマを留守にするカエサルのために動く。そして、もう一人の執政官アウルス・ガビーニウスは、前六七年にガビーニウス法を提案した本人である。

独裁者が自分の側近を高い地位につけているのと大して違いはない。この同盟結成こそが、ローマ共和政の終わりの始まりとされることがあるのも、こうしたことからである。

カエサルとキケロー

ところで、前の項目で引用した書簡において、キケローは、カエサルが自分に協力を期待していると、各方面から伝えられているということも記している。カエサルは、この後もしばしばキケローに働きかけを行っている。ローマ第一の弁論家として通っていたキケローの雄弁の力は、政争における有効な武器として、カエサルにとっても魅力的だっただろう。それに、マリウスの例からもわかるように、地方出身の「新人」という立場のキケローが、三頭政の側に来ても何の不思議もなかった。

ところがキケローには、伝統的な共和政を維持しなくはならない、そしてそのために大きな貢献を果たしたいという強い信念があった。対話篇の主役の選定（たとえば前述の大カトーやスキーピオー）にも見られるように、元老院で主導的な役割を果たした過去の偉大な政治家たちに対する強い憧れが彼にはあった。そのため彼は、共和政を滅ぼしかねない者と組むのは間違っているという気持ちを、どうしても消すことができなかった。

一方で彼は、理想は理想として割り切らねばならないこともわかっていた（ある書簡で彼は、小カトーを、プラトーンが『国家』で描くところの理想の国家で生きてでもいるような意見を言うと皮肉っている）。また、門閥派に対する不満も少なからずあった。にもかかわらず、自分の理想に反した行動を取ることに、彼は恥と罪悪感を感じてしまうのである。

育った背景からすれば行くべき方向は自ずと示されているのに、別の方向を理想とし、その理想を貫こうにも言葉の力しか持たなかったキケローにとって（またその力が、飛び抜けていたからこそと言うべきか）、この時代でうまく生き抜いて行くのはなかなか難しいことであった。

農地法の成立

さて前述のように、ポンペイユスは、このころ門閥派の非協力的な姿勢に悩まされていた。これは彼が東方からもどりローマの元老院に復帰した前六一年から既に始まっていた問題で、ポンペイユスは、自分が行った東方での諸処置に対する承認と、退役兵に分配する農地を要求していた。特に土地の獲得は、兵士たちの支持を失わないためにも重要だった。

彼が「ローマ進軍」をするのではないかという懸念すらささやかれていたので、彼が素直に軍隊を解散してくれたのは喜ばしいことだった。しかしそれに報いて多少なりとも譲歩するという発想は門閥派にはなく、激しい反対運動を行った。その結果、ポンペイユスがある護民官を通じて提示した農地法は、不成立に終わってしまっていた。「名誉の階梯」を飛ばして、いきなり執政官の地位を獲得し、元老院での政争の訓練も十分に積んでいなかったポンペイユスには、老練な政治家たちに対抗するのは容易ではなかったろう、というゲルツァーによる興味深い指摘がある。

それゆえ執政官となったカエサルとしては、新しい盟友のためにも、農地法を成立させることは急務だった。彼はまず、カンパーニアを除く、イタリア内で当時残っていた全ての国有地を分割する農地法を成立させる。もちろん元老院では激しい反発が起こったが、カエサルは元老院決議を経ることなしに、直接民会に法案を提出することにより、成立させようとした。前述のように(五一頁)、これは形式上は正しいが、乱暴なやり方である。

この時点ではまだ自宅に籠もっていなかったビブルス、そしてカトーらは、民会の開催を妨害することを試みるが、逆にカエサルらの手下で、この年の護民官の一人であったプーブリウス・ウァティーニウスが率いる集団に暴力を振るわれ、逃げ帰るしかなかった。こうして、この農地法は、文字通り暴力的に成立した。

しかしカエサルは、この一つ目の農地法で満足することはなかった。少しあとに、今度はカンパーニアの国有地を対象とする第二の農地法を再び民会にかけ、またもやカトーが激しく反発するも、結局は成立させる。カンパーニアは肥沃な土地として知られ、ローマのイタリア征服の過程で前二一一年にカプアが降伏したことによってローマの国有地となり、賃借されていた。その賃借料は国の収入源の一つだった。

当時ローマから離れた別荘に滞在中だったキケローは、一報を聞いて驚くとともに、むしろ三頭政に対する反発が強まることを期待している。カンパーニアの土地はせいぜい五〇〇〇人分程度にしかならず、分配にあぶれた多くの人はカエサルに背を向けるだろう、また、良識ある人々は、国の財源を失うことになるこの法によって、カエサルにますます怒りを抱くことになるだろう、というのである。

人数についてはキケローの予想ははずれ、最終的には二万人が分配にあずかったという。しかし反発については予想通りであり、それは成立後も続き、カエサルがガッリア総督赴任中にもローマで大きな反対運動が起こっている。

属州ガッリアの獲得

カエサル個人にとって、農地法以上に重要だったのが、執政官退任後に獲得する地域と命令権の問題だった。実は、前一二三年に成立したセンプローニウス法(ガーイウス・グラックスによる)で、執政官が退任後に担当する領域は、執政官選挙に先だって決定されることになっていた。そこでカエサルの執政官選挙時、彼の当選を懸念した門閥派は、具体的な場所は伝わっていないが、できるだけ無意味な担当領域を決めてあった。

しかしカエサルは、この妨害も突破する。おりしもガッリアの情勢が不穏になっており、諸部族間の衝突の可能性があるとともに、それがローマの属州となっている領域にも波及しかねない(と主張できる)状況が生じていた。これに対処するのに、特別な命令権が必要であるとの名目が立つわけである。かつてポンペイユスが強大な命令権を獲得した場合と同様である。

そこで、カエサルの協力者である護民官ウァティーニウスが、属州ガッリア・キサルピーナおよびイッリュリクムにおける五年にわたる執政官相当命令権を直ちに――すなわち、執政官在任中に――カエサルに与えるべしという法案を、五月に民会に提案し、可決された。さらにその後ポンペイユスの尽力により、属州ガッリア・トラーンサルピーナの命令権(こちらは前五八年一月に開始、一年ごとに更新)も加えられた。

この命令権はカエサルにとって非常に有利なものだった。まず、当面の間、政治的敵対者たちの攻撃から身を守ることが可能である(ウァティーニウス法のおかげで、一日の空白期間もおかずに、命令権を維持できる)。また、ガッリアはイタリアと陸続きであり、近い位置から「ローマ進軍」の懸念で首都の政治に圧力をかけることができる。そして何よりも、征服活動から得られる実入りである。先にも触れたように、彼は巨額の借金を清算してもなお余りあるほどの富を、この遠征で獲得した。そして長期にわたる軍事活動と、そこでの成功は、彼に武名と、忠実な軍隊をもたらした。それは、ポンペイユスにはあり、彼には足りなかったものだった。次章では、その過程を具体的に見ていくことにしよう。

第3章
ガッリア総督カエサル

ローマ軍の兵士

前五八年、属州ガッリアに赴任したカエサルは、将軍としての能力を大いに発揮する。広範囲にわたって遠征を行い、ついにはガッリア全土を制覇するに至る。のみならず、あまり実質的な成果は伴わなかったものの、ゲルマーニアやブリタンニアにまでも侵攻を試みている。だが一方でこの時期、彼を取り巻く政治的状況は不穏なものとなっていき、ついには前四九年一月、内戦が勃発するに至る。そのため、並行するローマの政治状況についても見ていく必要があるのだが、本章では敢えてガッリアにおけるカエサルの活動、それも前五二年までの七年間にしぼって説明する。この年に起こったガッリア全土の蜂起の鎮圧をもって、ガッリアの平定は基本的に完成しているためである。同時期のローマの政治とカエサルの関係、また内戦へと向かっていく状況については、次の第四章で扱う。

ガッリアにおける征服活動をカエサル自らが記したのが、古典として名高い『ガリア戦記』であり、本章で扱う時期は、全八巻のうちの第一巻から第七巻(一年につき一巻)、すなわちカエサル自身が執筆した部分に対応している。以下の戦役の説明も、いちいち断ることはしないが、多くは『ガリア戦記』の記述をもとにしており、作品の内容紹介を兼ねている。ただ、作品としての特徴については、第五章で改めて考えることにしたい。

1　ローマとガッリアの関係

初期の接触から属州の成立へ

歴史家リーウィウスによれば、ローマのタルクィニウス・プリスクス王の治世（前六一六〜五七九）の頃に、最初のガッリア人（後述のケルタエ人）がアルプスを越え、イタリア北部のポー川流域に進出してきたという。しかしその当時、この地域にはエトルーリア人が定着していたことが、文献資料のみならず考古資料でも裏付けられているため、リーウィウスが伝える時期は早すぎるという異論もある。

いずれにしろ、前四世紀初頭には、彼らはイタリア半島北部のアドリア海に面した地域に定住しており、さらなる南下を試みるようになった。このような侵略のきっかけを与えたとも言えるのが、前三九〇年に行われたアッリア（ローマから一八キロほど離れた、ティベリス川の一支流）の戦いである。この戦いでローマ軍は壊滅的な敗北を喫し、ガッリア人に市内に攻め込まれるという屈辱を味わった。この出来事がローマ人に与えた衝撃は極めて大きかったようで、その敗北の日は、後々までもローマの暦の中で厄日となっているほどである。ガッリア人は、その後も前三世紀にかけて、単発的な侵略行為を繰り返す。

だが、前二二五年のテラモーン（現タラモーネ）の戦いでローマが大勝を挙げた頃から、情勢は変わってくる。この戦いでローマは、ガッリア人侵攻の恐れからイタリア半島を解放するとともに、今度は自分たちの方が侵攻を試みるようになる。前二二二年にメディオーラーヌム（現ミラノ）を征服したのを皮切りとして、一時ポエニ戦争の影響で、征服活動を中断したり、獲得したものを失ったりしたものの、前二世紀初頭にかけて、プラケンティア（現ピアツェンツァ）、クレモーナ、ボノーニア（現ボローニャ）、パルマといった植民市を続々と建設していく。現在の地名からもわかるように、いずれもイタリア半島の北部、イタリア側から見てアルプス山脈より手前の地域である。

征服が進んだ結果、この地域は独裁官スッラの時代に「アルプスのこちら側のガッリア（ガッリア・キサルピーナ）」という名の属州となった。イタリアとの境界がルビコーン川である。この地域ではローマ化が急速に進み、たとえばポー川以南の人々には、既に前九〇〜八九年の諸法により、全面的にローマ市民権が許されていた。ポー川以北の人々も、同じような処遇を得ることを強く求めていた。先にカエサルとクラッススが、この地域の全ての人々にローマ市民権を与えることを画策したことに触れたのが（七七頁）、その話である。

一方、アルプスを越えた地域（ガッリア・トラーンサルピーナ、またはガッリア・ナールボーネネーンシス）にも、ローマの手は伸びていた。属州となった年代そのものは、むしろこちらの方が早くて前一二一年である。しかし「アルプスのこちら側」と異なり、しばしば反乱が生じる不安定な地域であった。

「ガッリア」の多義性

ガッリアの名を冠するこの二つの属州の外側には、やはり「ガッリア」と呼ばれる地域が広がっていた。そのガッリアについて、カエサルはこう説明する――「ガッリアは全体として三つの部分に分かれており、その一つにはベルガエ人が、もう一つにはアクィーターニー人が、そして三番目の部分には、彼ら自身の言葉ではケルタエ人と、我々の言葉ではガッリア人と呼ばれる者たちが居住している。これらの者たちはいずれも、言語、しきたり、法に関して互いに異なっている」(『ガリア戦記』第一巻冒頭)。

これに続いてカエサルは、彼らの位置関係を説明する。その説明に従えば、彼が上の引用箇所で言う「ガッリア」とは、大ざっぱに言って今日の西ヨーロッパ地域に相当し、東はライン川によってゲルマーニアと、南はピレネー山脈によってヒスパーニアと分かれている。その地域の中で、ベルガエ人はセーヌ川およびその支流マルヌ川より北に居住しており、アクィーターニー人はガロンヌ川以南に居住していた。

また、上に引用したカエサルの説明からすると、「ガッリア」に居住する人々の一部(ケルタ

図 3-1　カエサルの時代のガッリア

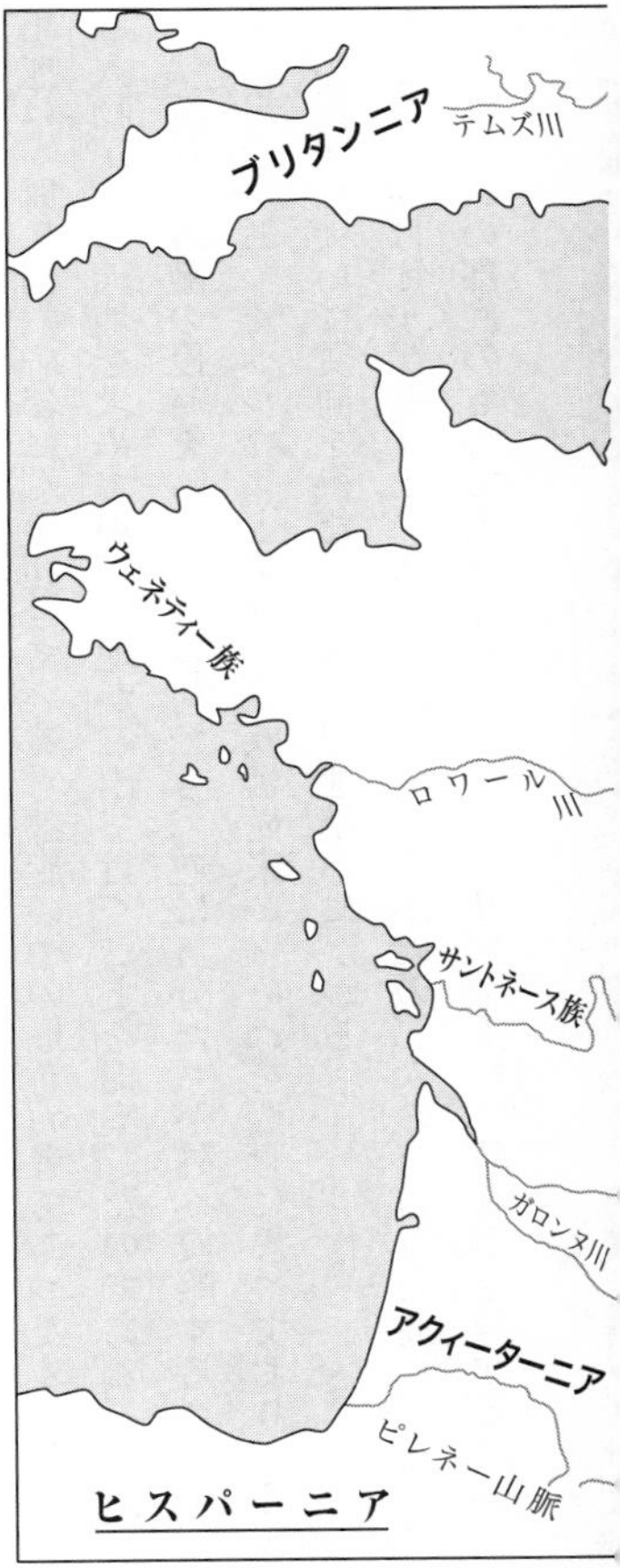

エ人）だけが、当時ローマ人から「ガッリア人」と呼ばれていたことになる。しかし実際は、『ガリア戦記』においては広義と狭義の「ガッリア（人）」という用語が混在しており、ケルタエ人以外もあわせて総称的に「ガッリア人」と呼ばれることもあれば、ケルタエ人の領域だけを「ガッリア」と称することもある。以下では、基本的に総称的に「ガッリア（人）」を使うが、必要に応じて適宜説明を加える。

なお、上記の三種の「〜人」は、いずれも幾つかの小部族に分かれている。それらの部族を指す場合には「〜族」のように記す。

2　前五八年の戦い――『ガリア戦記』第一巻

ヘルウェーティイー族の移住計画

ここからは、カエサルのガッリアにおける活動について見ていく。ただし長期間かつ広範囲にわたる活動のすべてを取り上げることは困難であり、主要な戦役のみを、しかも概略的に述べるにとどめたい。

ヘルウェーティイー族は、現在のスイスのあたりに居住していた人々であり、彼らの土地はライン川、ジュラ山脈、レマン湖、ローヌ川に囲まれていた。カエサルが関わることになった事態は、既に前六一年に端を発している。部族の中の最有力者であったオルゲトリークスという人物が、新天地を求めて現在の地から出て行くことを提案したのである。上記のような地理的状況は、外敵の侵略を防ぐには有利でも、逆に自分たちが外へ侵略するには不利である。武力に自信があったヘルウェーティイー族は従来からそれを残念に思っており、オルゲトリークスの提案は大いに賛同を得た。彼らは早速準備にかかる。

しかし実はオルゲトリークスは密かに別の二部族の二人の有力者と通じ、互いに協力し合ってそれぞれの部族のもとで王権を獲得し、ガッリア全土を、彼らが主導する三部族のもとにおさめようという計画を進めていた。それが発覚し、オルゲトリークスは裁きにかけられるものの、事が決する前に突然死を遂げる。

もとは彼の提案だったとはいえ、他の地へと出て行くという計画そのものについては、そのまま継続された。不退転の決意で自分たちの町を自ら焼き、部族全員で移動を始めようとする(前五八年)。彼らはさらに他の四つの部族にも声をかけ、合同で事を進めようとしていた。その中には、勇猛さで知られたボイイー族もいた。

だがここでも、地形が問題となる。ヘルウェーティイー族が自分たちの土地から出ていくことができる経路は二つしかなく、一つはセークァニー族の領地を経由する非常に狭い道で、これだけの大軍の移動には不向きだった。袋のネズミにされる危険性もある。もう一つが属州トラーンサルピーナを通る道である。その地に居住していたのはアッロブロゲス族であり、属州化された後も完全におとなしくなったわけではなく、前六一年にも反乱を起こして鎮圧されたばかりであった。ヘルウェーティイー族は、彼らの好意的な対応を当て込んで、その進路を取ることに決め、三月二八日にヘルウェーティイー族の土地と属州との境界にあたるローヌ川岸に部族をあげて集結することを決める。

カエサルの登場と開戦

この事態を知ったカエサルは、直ちにローマを出発し、ゲルツァーによるとわずか八日間で、ゲナウァ(現ジュネーヴ、属州の町でもっともヘルウェーティイー族の土地に近い)の近郊に到着した。通過の許可を求める相手に対し、日を置いてから再訪するように命じて、その間に防備を固める。そうしたうえで、使者が改めてやって来ると、通過を許さない旨を伝えた。ヘルウェーティイー族は強行突破を試みるが、カエサルが整えた防備ゆえに果たせず、残ったもう一つの進路を取ることを余儀なくされた。

自分たちではセークァニー族との折り合いをつけることができなかった彼らは、ハエドゥイー族のドゥムノリークスという人物(かつてオルゲトリークスと通じた一人)に仲介を依頼し、成功する。セークァニー族の土地、次いでハエドゥイー族の土地を抜け、サントネース族の土地を目指すというのである。サントネース族の土地は、属州トラーンサルピーナ内のトローサーテース族の土地に近いため、属州が危険にさらされる可能性がある。

そのためカエサルは介入することを決意し、もともと冬営中だった三個軍団を連れ出すとともに、二個軍団を新たにガッリア・キサルピーナで徴募し、戦力を整えた。なお、一個軍団は一〇の大隊からなり、一大隊は六の「百人隊」からなるので、計算上は一個軍団には六〇〇〇人の兵士がいることになる。だが実際には、「百人隊」に文字通り一〇〇人いるとは限らず、したがって一個軍団の人数は流動的であった。また、カエサルがかつて軍団副官という地位を得たことは前章で述べたが(五五頁)、彼自身は、各軍団の指揮を軍団副官(トリブーヌス・ミーリトゥム)ではなく、副官(レーガートゥス)と呼ばれる人々に任せた。軍団副官には、良家の若者が経験を積むために推薦されてくることも多かったため、もっと実戦経験のある者を指揮官として使いたかったのだろう。

軍団の徴募は本来元老院に権限があったが、緊急の場合は、カエサルが行ったように現地での徴募も認められていた。しかしこのときのカエサルの場合は、まだ敵から攻撃されたわけではないので、不当な徴募であるとローマの政敵から攻撃され、後から訴追の種とされる危険もあった。『ガリア戦記』では、こういう問題について非常に注意深く配慮して、カエサルがその都度とった方針の説明がなされているとゲルツァーは指摘する。

さて、カエサルのもとに、おりしもハエドゥイー族とアッロブロゲス族などからの救援要請が届いた。ヘルウェーティイー族が彼らの土地に侵入して荒らしているというのである。カエサルは直ちに対処すべきと判断し、現地、すなわちローヌ川の一支流アラル川へと向かう。

カエサルはまず、まだ川を渡り切っていなかった敵の一部に夜襲をかけて倒すと、一日で川に橋をかけ、先に進んでいた者たちを追跡した。渡河に二〇日も要していた敵はこれを知って驚き、カエサルと和平を結ぶことを模索するが、カエサルが提示した条件(人質とハエドゥイー族らへの損害の補償）を受け入れることができない。そのまま両軍は、しばらくの間つかず離れずの状態で進軍を続けた。

その間カエサルは、ハエドゥイー族に指示してあった補給の遅れに悩まされる。実はドゥムノリークスが密かに妨害していたのである。彼はこのころ、部族の中で人気を得て、反ローマの煽動を行っていた。彼の兄ディーウィキアークスは、カエサルとも親しくローマにも忠実であったため、カエサルはこの兄に免じて事を荒立てず、ドゥムノリークスには監視を付けるだけで済ませた。

このような経緯があった後、ついにビブラクテのあたりで両軍は会戦し、ローマ軍が勝利をおさめた。敵は敗走するが、戦闘の際にローマ軍に荷物と荷車を奪われてしまっており、物資の不足から全面的な降伏を余儀なくされた。カエサルは人質や武器の引き渡しを求めたうえで、各部族に、もとの土地に戻るよう命ずる。ボイイー族については、ハエドゥイー族の申し出があったため、彼らの土地に居住することを許可した。

敵側の総勢三七万人近くのうち、戦闘で生き残ったのは一三万人、故郷に戻ったのは一一万人ほどだったという。特にヘルウェーティイー族は相当に力を削がれたはずであり、『ガリア戦記』においても、以後彼らの名が言及されることはほとんどない。

アリオウィストゥスとの戦い

ガッリアにおける最初の戦いで早速成功をおさめたカエサルのもとに、ガッリアの各地から、部族の第一人者たちが祝いの言葉を述べにやってきた。しかしそれは、ゲルマーニア人アリオウィストゥスの横暴についてカエサルに伝え、助力を嘆願するためでもあった。すなわち、ハエドゥイー族とアルウェルニー族は長くガッリアの覇権を争っていた。そうする中で、アルウェルニー族はセークァニー族とともに、ゲルマーニア人を雇った。彼らの王がアリオウィストゥスである。

ゲルマーニア人は強力な兵士であり、ハエドゥイー族をはじめとする多くのガッリア諸部族は屈し、人質を出すことを強いられた。しかしガッリア人たちが言うには、悲惨な状況に置かれているのは、むしろ勝った側のセークァニー族の方である。アリオウィストゥスがセークァニー族の領土内に居坐ったためで、彼はセークァニー族の土地の三分の一を占拠し、いっそう多くの仲間を招き入れるため――この時点で既に一二万人にも達していた――さらに三分の一を要求している。これではセークァニー族はいずれ自分たちの土地から完全に駆逐され、移動を始めるしかなくなる、というのである。

カエサルはここでも、自身が介入する正当な理由を見出すことができた。すなわち、ローマに友好的なハエドゥイー族がアリオウィストゥスの下に屈服させられているのは、ローマにとっても屈辱極まりないことである。さらに、今後ますます多くのゲルマーニア人がガッリアに流入すれば、かつてのキンブリー族やテウトニー族のように、いずれ彼らはローマの支配圏にも手を伸ばしてくるだろう。

そこでカエサルは、ひとまずアリオウィストゥスとの会談を試み、会談場所も提案するが、相手は受け入れない。さらに両者の間で挑発的なやりとりが行われるが、そこにハエドゥイー族から、人質を差し出しているのにもかかわらず、自分たちの土地にゲルマーニア人が侵入し、荒らしているという知らせが来る。さらにトレーウェリー族からも、ゲルマーニア人の別の集団がライン川を越えようとしているという知らせが届く。このためカエサルは、直ちに対処すべきと考え、アリオウィストゥスのもとへと進軍する。

だが、途中で補給のために立ち寄った町で、ゲルマーニア人の強さや、見るも恐ろしい姿の話を聞かされたローマ軍の兵士たち、とりわけ、あまり軍隊経験を積んでいない士官階級の者たちが恐怖に駆られ、中には色々と理由をつけて帰郷を申し出る者も出た。

第一章で、若い頃のカエサルも、総督の随行員として属州アシアに赴き、現地での戦闘に参加したことに触れた(三九頁)。このように、総督自身が身内から選んだり、縁故で推薦されたりする人々が随行するのは常であった。必ずしも戦闘要員とは限らず、たとえば詩人カトゥッルス(前八四?～五四?)も、ある総督に随行してビーテューニア(ニーコメデース四世が前七五/七四年にローマに遺贈したことにより、属州となった)を訪れたことがわかっている。またキケローも、前五四年のこととなるが、ガーイウス・トレバーティウス・テスタという若い優秀な法律家をカエサルに推薦して喜ばれている。このトレバーティウスは、後にアウグストゥスのもとでも活躍する。

それはともかく、恐怖は伝染し、全軍に悲愴な気分が蔓延して、遺書まで書く者が続出したという。これでは戦いにならない。カエサルは彼らに、これまでローマ人がゲルマーニア人を破った戦い、すなわちキンブリー族およびテウトニー族に対する勝利や、ゲルマーニア人の奴隷も多く加わったスパルタクスの乱における勝利を思い出させる。さらに、ゲルマーニア人が、ローマ軍が最近破ったばかりのヘルウェーティイー族にすらしばしば負けたことを指摘して、兵士たちを勇気づける。こうして、全軍一丸となって戦う態勢を作り出した。

カエサルが進軍してきたことを知ったアリオウィストゥスは、今度は自分の方から会談を申し入れてきた。互いの安全を確保すべく、色々な条件をつけたにもかかわらず、気の逸《はや》るゲルマーニア人が、まだ二人が会談している間にローマ軍への攻撃を開始し、会談は途中で終了してしまう。アリオウィストゥスは二日後、改めて会談ないしカエサルの副官のうちから誰かを自分のもとに送ることを提案してくるが、カエサルはどちらも危険と考えて受け入れず、代わりに二人の使節を派遣して、アリオウィストゥスの意向を尋ねさせた。使節の一人はアリオウイストゥスと以前から交流があり、また一人はガッリアの言葉に通じていて、やはりガッリアの言葉に慣れていたアリオウィストゥスと直接交渉が可能であった。しかしアリオウィストゥスは彼らを拘束し、交渉の道を断った。ついに両軍は戦闘態勢に入る。

だがしばらくの間、ゲルマーニア人は騎兵のみの小競り合いを繰り返し、なかなか決戦に出ようとしない。実は彼らには、女性の占いで戦いに出るかどうかを決める習慣があり、このときはまだ待つべきだという占いが出ていたのだった。しかしカエサルが全軍を率いて彼らの目前にまで迫ると、彼らも戦いに出ることを余儀なくされる。一時戦いは拮抗するものの、ついにローマ軍は、ゲルマーニア人を敗走させる。彼らはそのままライン川まで逃げるが、わずかに泳ぎの達者な者、あるいは舟を見つけることができた者が逃げ延び、残りは全てローマ軍に殺された。

アリオウィストゥスもライン川を渡って逃れた一人であるとカエサルは伝える。しかし経緯は不明であるが、彼はその後まもなく死亡したらしい(『ガリア戦記』第五巻で、彼が既に死去していることが言及される)。

戦いが終わると、カエサルは軍隊を冬営させ、自分はガッリア・キサルピーナに向かった。巡回裁判(属州の各地を回って法廷を開く)を行うためである。『ガリア戦記』ではこれらの裁判について具体的に語られることはないが、これもまた属州総督の役割であった。先ほどの法律家トレバーティウスも、こうした司法関係で重宝されたものと考えられる。

3　前五七～五五年の戦い――『ガリア戦記』第二～四巻

ベルガエへの遠征（前五七年）

総督二年目の年、カエサルの行動範囲はベルガエへと広がる。ベルガエ人の諸部族が、互いに反ローマの盟約を結んでいるという情報がもたらされたためである。しかも（狭義の）ガッリア人が彼らを唆《そそのか》しているという話まであった。カエサルは直ちに現地に向かうことを決める。

ベルガエでは、（狭義の）ガッリアに最も近いところに居住するレーミー族が、ローマに対して恭順を示し、自分たちが他のベルガエ人とは一線を画していることを伝え、ベルガエ人とその計画について詳しい情報を提供した。それによると、最も有力なのがベッロウァキー族で、その他にスエッシオーネース族、ネルウィイー族をはじめとする一〇以上の部族が、反ローマの盟約のために兵の提供を約束しているという。このレーミー族は、以後もカエサルとローマに非常に協力的であり、カエサルにとっては、ベルガエでの貴重な拠点ともなった。

さて、敵は既に近いところまで進軍してきていた。カエサルはすぐに、レーミー族の土地の境界であるエーヌ川へと進み、エーヌ川とレーミー族の土地を背後にする形で陣営を築いた。

一方でハエドゥイー族のディーウィキアークスに、ベッロウァキー族の土地を荒らすよう依頼する。

敵はカエサルの陣営から少し離れた、レーミー族の町ビブラクスを攻撃した。カエサルが救援部隊を派遣すると、敵は町の攻略をあきらめ、カエサルの方に向かってくる。敵が大軍で、また、勇猛さでも知られていたため、カエサルは何日かの間は騎兵戦のみで敵の実力を見定め、現戦力でも十分対応可能とみると、戦闘態勢に入った。両軍はある沼地を挟んで対峙し、互いに相手が先に足場の悪いところに出てくるのを待つが、膠着状態となり、カエサルはいったん兵を引き揚げた。

すると敵は、エーヌ川を渡ってレーミー族の土地へ向かおうとした。カエサルは直ちに敵のもとへと向かい、渡河中の敵を攻撃し、撃退する。ベルガエ人たちは、食糧の不足、また、ベッロウァキー族の土地をハエドゥイー族が荒らしていることもあって、いったんそれぞれの領地に引き揚げることにする。カエサルは彼らを追撃し、大きな損害を与える。さらにそのままスエッシオーネース族の土地へと進み、攻撃をしかけると、彼らは、櫓やそれまで見たこともなかったローマ軍の攻城設備(例として、一三七頁の図3-3を参照)に恐れをなして降伏した。さらにベッロウァキー族も降伏し、もともと彼らと友好関係にあったハエドゥイー族のとりなしを受けて、カエサルの赦しを得る。

だが、ネルウィイー族は別の幾つかの部族とともに、抵抗を試みる。ベルガエ人の中でもとりわけ勇猛で知られた彼らを相手に、ローマ軍も一時は相当な苦戦を強いられ、陣形の一部ではほとんど敵に圧倒されかけた。しかしカエサルの直接の激励、また、先に敵を圧倒した一角からの救援が折良く駆けつけたことにより、最終的にはネルウィイー族をほとんど殲滅するほどの勝利を挙げる。その後、ネルウィイー族らに合流しようとしていたアトゥアトゥキー族のことも制覇する。彼らは一つの都市に籠もり、カエサルを迎え撃とうとするが、やはりローマ軍の攻城具を見て降伏せざるを得なかった。それでもなお、夜間に隙を狙って突破しようと試みるが、無駄だった。

一方、カエサルの部下の一人で、大西洋沿岸地域に派遣されていたプーブリウス・リキニウス・クラッスス(三頭政のクラッススの息子)も、当地の諸部族を降伏させていた。このような戦果により、ローマでは、一五日間にもわたる感謝祭を行うことが決定された。『ガリア戦記』でカエサルは自ら、それをこれまで誰にも与えられたことのない名誉であると述べている(第二巻末)。そのとおり、従来までは、一二日間が最長だった。カエサルは触れていないが、それはポンペイユスがミトリダーテース戦争に勝利したときのことであった。

ウェネティー族との戦い（前五六年）

続く前五六年にも幾つかの戦いが行われたが、カエサルが直接現地に赴いたものとしては、このウェネティー族との戦いが主なものである。ウェネティー族は、先ほど述べたクラッススが降伏させた部族の一つであった。その後クラッススが冬営に入り、食糧調達のためにウェネティー族を含む幾つかの土地に使節を派遣したところ、ウェネティー族は彼らを捕虜として拘束し、彼らと交換に、自分たちがクラッススに差し出した人質の返還を要求する。

クラッススからの知らせを受けたカエサルは、軍船の建造、乗員の用意を命じて、現地に向かう。ウェネティー族の土地は、現在のブルターニュ地方のあたりであり、彼らは航海術に長けており、ブリタンニアともしばしば行き来していた。ローマ軍の船がいわゆる櫂船であったのに対し、敵の船は、現地に特徴的な荒波や強風にあわせて発展したもので、皮製の帆を備え、また全体が非常に頑丈な作りだった。

カエサルはこのような敵に対処しなくてはならなかった。彼はまた、一度は屈服したウェネティー族が、いとも簡単に反旗を翻したことから、これまで制圧した諸部族が同じ真似をしかねないことを恐れた。そこで彼はベルガエやアクィータニアなどに部下を派遣し、各部族が反乱を起こしたり、反乱者に援軍を送ったりしないようにさせた。

ところで、このときウェネティー族に対するべく、艦隊の指揮を任されたのがデキムス・ユーニウス・ブルートゥス・アルビーヌス、後のカエサル暗殺者の一人である。より有名なブルートゥス(マールクス・ユーニウス・ブルートゥス)とは別人だが、彼もまた暗殺者の中では名が知られた一人である。カエサルのもとで長く一緒に戦い、もちろんこの後の内戦の時もカエサルの側についた。カエサルは彼を高く評価しており、後にはガッリア・キサルピーナの統治を任せただけでなく、さらに執政官(前四二年)の地位も準備していた。そういう人物が、最後にカエサルを裏切る。

ローマ軍は、敵の攻略に苦戦する。彼らの町は岬の先端にあり、潮の干満のせいで、徒歩でも船でも接近が難しかった。たまたまうまく攻撃ができた場合にも、敵はいざとなると大量の船を使って、人も物も丸ごと別の場所に避難してしまうため、なかなか決定的なダメージを相手に与えることができなかったのである。

だが、ブルートゥスが率いる艦隊の到着をきっかけに、状況が変わる。この艦隊を見て、敵も多くの船を装備して対峙したのである。しかしこのとき、ローマ軍にはまだ決まった戦略がなかったという。というのも、それまでにも他から集めた艦船を使った戦いが試みられてはいた。だが、ローマ軍になじみ深い戦い方がここではあまり機能しなかった。たとえば衝角で相手の船に打撃を与えるという方法は、頑丈な敵の船には効を奏さなかった。しかしこのとき戦闘に入ると、長い柄のついた鎌を使い、相手の船の帆桁と帆柱をつなぐ綱を断ち切るという戦術が有効とわかる。敵の船は帆を失っては操船できない。しかも途中から風が凪ぎ、帆が使える船も動けなくなった。

こうして討ち取られるままとなった敵は全面的に降伏したが、カエサルは指導者たちを全員処刑し、残りは奴隷にするという厳しい措置をとる。使者を捕らえるという暴挙を犯した彼らを厳しく罰し、他のガッリア人たちに対しても見せしめとするためであった。

一方でカエサルの部下たちも使命を果たしていた。クィーントゥス・ティトゥリウス・サビーヌスがウエネッリー族を、プーブリウス・リキニウス・クラッススがアクィーターニアの諸部族を、それぞれ制圧している。また、この年のはじめには、セルウィウス・スルピキウス・ガルバがアルプスの山岳地帯の部族に勝利をおさめている。

ゲルマーニア人との戦い(前五五年)

翌前五五年、ゲルマーニア人の部族であるウーシペテース族とテンクテリー族がライン川を越えてガッリアに入るという事件が起こる。別のゲルマーニア人の部族で、非常に強力であったスエービー族から長年の圧迫を受けて、移動してきたのである。

カエサルは彼らがガッリアに居坐って面倒な事態を引き起こすことを懸念し、早急に戦って駆逐しようと考える。実際、既にガッリアの一部の部族が、ゲルマーニア人を自分たちの土地に招き入れようとしていた。これではまた、アリオウィストゥスのときのようなことになりかねない。

カエサルが現地に向かうと、ゲルマーニア人から使者が来て、相手がその気であれば軍事衝突も辞さないことを匂わせつつ、ガッリアへの定住を認めるよう要求する。しかしカエサルは突っぱね、ライン川を越えて戻って、ウビイー族(やはりゲルマーニアの一部族)の土地に定住先を得ることを提案する。ウビイー族も、やはりスエービー族の圧迫を受けており、カエサルに助力を依頼してきていた。

しかし彼らは日をおいて返事をすると言い、また、その時まで自分たちの近くには来ないでほしいとカエサルに頼む。実は彼らは別の場所に騎兵を派遣してあり、それが戻ってくるのを待っていたのである。それを推察したカエサルは断り、そのまま先へ進む。やがて、返事をたずさえた使節と出会う。使節たちは再び引き延ばしを狙うが、カエサルは翌日の会談を要求する。

だがゲルマーニア人は、カエサルの指示で先に進んでいたローマの騎兵に出会うと、相手が油断しているのに乗じて突如攻撃をしかけた。不意打ちを食らった騎兵たちは逃げるしかなく、かなりの戦死者が出た。

これを知ったカエサルは、直ちに戦闘の準備を整えた。折良く、ゲルマーニア側の指導者が、謝罪し、(カエサルによれば、偽りの)休戦を求めるために、全員でカエサルのもとを訪れてきた。カエサルは彼らを捕らえ、敵のもとへと進撃する。今度は不意を打たれたのはゲルマーニア人たちの方であり、指導者も欠けるなか、ローマ軍の意のままに殺戮された。部族をあげて移動してきた彼らであるから、その中には女性も子供たちもいたが、容赦なく殺された。

このウーシペテース族らとの戦いが、今度は新たな遠征、すなわちライン川を越えてゲルマーニアへと進軍するきっかけをカエサルに与えた。彼としては十分な理由付けも可能だった。このようにゲルマーニア人が簡単にガッリアに侵入してくることは、ガッリアの安定にとって好ましくないことである。さらに、ローマ国家の名誉という点に訴えることができる背景もあった。というのも、ウビイー族は前述のように、対スエービー族のために助力を願い、ローマ軍が自分たちのもとに姿を見せ、自分たちがローマと友好関係にあることを見せるだけで足りると求めていた。逆にスガンブリー族は、ウーシペテース族らの生き残りを受け入れ、カエサルから引き渡しを求められたのにもかかわらず拒絶し、ライン川のこちら側(ゲルマーニア)にローマが関与してくる余地などない、と息巻いていたからである。

そこでカエサルは何としてもライン川を越えることに決め、橋を建設し、ゲルマーニアに進軍する。だが大規模な戦闘を行ったわけではなく、スガンブリー族の土地を荒らし、ウビイー族を訪れて援助を約束した程度でガッリアに引き返している。

なお、渡河のための橋は、川の広さや深さ、流れの速さから難工事が予想されたものの、一〇日で完成した（遠征後、カエサルは破壊させている）。ここで詳しく紹介することはできないが、カエサルは建設された橋の構造についても説明を残している。当時の戦いにおいては、先に示した攻城設備などの構築もその例だが、このような建設工事を適切かつ素早く行うことが大きな意味を持っていた。『ガリア戦記』では、しばしば迅速な工事の完成が伝えられ、カエサルも兵士の働きを大いに称えている。

最初のブリタンニア遠征

同じ年、カエサルはブリタンニアへの遠征も試みた。ここまでの戦いのほとんどで、敵側にブリタンニアからの援軍がもたらされていると考えられたからである。しかしガッリア人も、ブリタンニアについての正確な情報を把握しているわけではなかった。そのためカエサルは、自ら現地に赴いて、ブリタンニアの民族や地理的な特徴を調査するだけでも意味があると考えた。

そこで彼は、総計一〇〇隻ほどの船を準備し、イティウス（現ヴィッサン）から出港して、ブリタンニアに到着した。しかし最初に到着した海岸付近では、既にブリタンニア人たちが、ローマ軍を迎え撃つ準備を整えて待機していた。そこを避けて別の地点からの上陸を試みるが、敵は騎兵と戦車で先回りをした。この騎兵と戦車が、ブリタンニア人の戦術の大きな特徴である。

上陸を妨害する彼らとローマ軍との間で戦いが始まり、武器を持って船から下りることと、戦うことを同時にしなくてはならないローマ軍はかなり苦戦する。しかし何とか全軍が上陸をすませると、一斉に敵に攻撃をしかけ、撃退した。だが、騎兵を乗せた船隊がまだ到着していなかったため、ローマ軍には追撃するのが困難で、カエサル自身も認めているが、大した成果を上げることはできなかった。

それでも、敗走させられた敵は、カエサルに使節を送り、人質の提供と、カエサルの命令に従うことを約束し、人質の一部を即座に差し出した。その頃、遅れていたローマ軍の騎兵がブリタンニアに接近するが、急に嵐となったため、またガッリアの方へと引き返すことを余儀なくされる。しかもその日は大潮の日であった。その知識もなく上陸していたローマ軍は、多くの船を、嵐と高潮で破壊されてしまう。今回の遠征は短期間を見込んでいたため、食糧も十分に用意していなかった。全軍に動揺が走る。

これを知ったブリタンニア人たちは、約束を違え、補給を断ってローマ軍を苦しめようと考えた。カエサルはそれを察知し、船の修理を急ぐ。その間、ブリタンニア人との小競り合いが続くが、ついに、わずかに手元にあった騎兵も使って、敵にある程度の損失を与えることに成功する。これを受け、ブリタンニア人が改めて和平を求めたので、カエサルはもとの二倍の人数の人質をガッリアへ送るよう要求した(もっとも、実際に送ってきたのは、二部族だけだった)。おりしも船も出航できる状態になったので、ガッリアへ向けて出発する。最初のブリタンニア遠征は、こうして終了した。

なお、ここまでの成果についても、ローマで感謝祭が決議されている。しかも前回を超え、二〇日間にもわたるものであった。

4 ガッリアの反乱(前五四〜五三年)――『ガリア戦記』第五〜六巻

反乱の兆し(前五四年)

最初のブリタンニア遠征は成功とはいいがたく、カエサル本人もかなり不満であったに違いない。翌年彼は、新たな遠征に向けて、大量の船や物資を準備させる。

だが、ブリタンニアに出発する前にやらなくてはならないことがあった。ライン川近辺に住むトレーウェリー族に、命令に従わない、ゲルマーニア人を煽動するといった不穏な動きが見られたのである。カエサルが現地に赴いたところ、彼らが二人の有力者の間で割れていることが判明する。一方の有力者キンゲトリークスは直ちにローマに対する忠誠を表明するが、もう一方のインドゥティオマールスは密かに戦争を企てていた。実は両者は姻戚関係にあり、キンゲトリークスはインドゥティオマールスの女婿である。しかし部族の主だった人々は少なからずキンゲトリークスの方を支持し、財産の保護を願ってカエサルのもとを訪れたため、インドゥティオマールスもカエサルに恭順の意を示さざるを得なかった。カエサルは彼に人質を差し出すよう命じ、さらに部族の主だった人々を呼び寄せ、その一人一人を、キンゲトリークスを支持するように仕向けた。だがそれは、インドゥティオマールスにとっては、自分の影響力を減じさせることであり、許しがたいことだった。もとからローマに敵意を持っていた彼は、ますます強い敵意を抱くようになった。

一方、ハエドゥイー族のドゥムノリークスも問題を起こす。先にも述べたように、彼はヘルウェーティイー族との戦争でローマ軍の補給を妨害した。それにその以前から、オルゲトリークスと共謀して、部族の王となり全ガッリアの覇権を握ろうとした野心家である。カエサルは彼を危険とみなし、監視するために常に自分の身近なところに置いており、ブリタンニアにも同行させる予定であった。

だがドゥムノリークスは、何とかして後に残ろうとする。カエサルが聞き入れないと、今度はやはりともにブリタンニアに渡る予定だった他の部族の指導者たちに、カエサルの遠征の狙いは、実はガッリアから離れたところで彼らを殺害することにあると吹き込んでまわり、共謀してガッリアに残ろうとした。

カエサルはドゥムノリークスのそのような行動を把握し、監視するとともに、何とか彼を従わせようとした。だが、やがてブリタンニア出発の時が来ると、ドゥムノリークスは隙を見てハエドゥイー族の騎兵を伴って脱走する。カエサルは、服従しないようなら殺害するよう命じて彼を追跡させた。追いつかれたドゥムノリークスは、抵抗を試みるも殺害された。抵抗する中で彼は、自分が自由身分で、自由な民族の出であると、繰り返し叫んでいたという。

二度目のブリタンニア遠征

こういう事態にいくらか時間を取られはしたものの、カエサルはブリタンニアへの遠征を敢行し、再びイティウスから出港する。

しかしこのときも、あまり大きな戦果があったとは言えない。しかもまたもや、嵐で艦隊に損害を受けている。ローマにいたキケローは、カエサルと、カエサルに副官として従っていた自分の弟クィーントゥスが、九月二五日にブリタンニアから送ったという書簡を、ほぼ一カ月後の一〇月二四日に受け取っている。この頃のキケローはカエサルとかなり友好的な関係にあり、しばしば書簡のやりとりもしていた。おりしもローマではカエサルの娘ユーリアが亡くなっており（後述）、そのお悔やみの書簡も送っている。

さて、カエサルとクィーントゥスから届いた書簡の内容を、キケローはアッティクスにこう伝えている──「ブリタンニアは制圧され、こちらは人質を受け取ったとのこと。戦利品はなしだが、貢納金を命じて、ブリタンニアから軍隊を引き揚げているところだそうだ」（『アッティクス宛書簡集』四・一八・五）。「制圧」されたのは、現在のケント近辺の諸部族という補足が必要だが、戦果としては、ほとんどこの簡略な説明に尽きるとも言える。

だが、ローマ人として最初にブリタンニアへの遠征活動を行ったことは、やはりカエサルの重要な功績の一つに数えられるべきことだろう。カエサルは『ガリア戦記』の中で、ブリタンニア人の文化や風習について少なからず書き残している（第五巻）。同様のことはガッリア人やゲルマーニア人についても行われており、カエサルの異文化・異民族についての強い関心を示すとともに、これらの地域の歴史や文化に関する貴重な証言でもある。特に第六巻におけるドルイドについての記述は、彼らについて詳しく述べた最古の資料として知られている。

なお、キケローの書簡からは、弟クィーントゥスが、ガッリアでの軍隊生活の様子を兄に色々と書き送っていたことがうかがえる。その中には、彼が数多くの悲劇作品を執筆したという話や、兄が送った作品をカエサルが論評したという話もある。『ガリア戦記』からは、カエサルや軍隊の日常生活はほとんど知ることができない。そのため、これらはほんの些細な言及ではあるけれども、彼らが戦争以外に何をしていたのかを教えてくれる貴重な証言となっている。

ローマの支配への抵抗

カエサルはブリタンニアから戻ると、この年は穀物が不作であったことから、例年よりも多くの箇所に分散させて、軍団を冬営させることにした。だが、軍団が冬期陣営に到着してまもなく、大規模な反乱が勃発する。口火を切ったのはエブローネース族であるが、その他にもネルウィイー族をはじめとする様々な部族が、各地に配置された軍団の襲撃を企む。その裏には、前述のインドゥティオマールスの煽動があった。とはいえ彼の煽動に多くの部族が共鳴したのは、ガッリアを支配下に置いてゆくローマに対し、彼らが不満を募らせていたということがあるだろう。ドゥムノリークスが自分と部族の自由を叫びながら死んでいったのも、それと重なるものである。

エブローネース族は、マース川とライン川の間の地域に居住していたベルガエ人の一部族であり、アンビオリークスおよびカトゥウォルクスという者の支配下にあった。最初彼らはローマ軍を受け入れるが、そこでインドゥティオマールスからの言葉に動かされ、攻撃をしかけてくる。しかしローマ軍に撃退されて攻撃をやめ、代わりに会談を要求した。

会談に送られたローマ側の使者に対し、アンビオリークスは次のような話をする——エブローネース族の力でローマ軍に勝てるなど思っておらず、こんな攻撃をしたのは自分たちの意志によるものではない。実は全ガッリアが共謀して、この日に一斉にローマ軍の各冬営地に攻撃をかけることになっていた。ガッリア人として、全ガッリアの決めたことに逆らうことは困難である、しかもガッリアの自由という大義を掲げての攻撃であるのだから、というのである。つまり、先ほどの攻撃は、約束を果たすための形ばかりのものだった、というわけである。

そのうえで彼は、ゲルマーニア人の軍勢が迫っていると伝え、この冬期陣営から逃げた方がよいと忠告を与える。使節たちは戻って、二人の指揮官サビーヌスとコッタに報告した。ここで両指揮官の意見が対立する。サビーヌスはアンビオリークスの忠告に従い、即座に軍勢を率いて別の冬営地に向かうことを提案した。対するにコッタは、カエサルの指示もないのに移動すべきではないし、仮に包囲されても十分に抵抗は可能である、それに敵からの情報でこれほどの重要な事柄について決めるのは軽薄で屈辱的だ、と反論した。

結果からすればコッタの意見が正しかったのだが、百人隊長(百人隊の指揮官)らも交えて激論が交わされたあげく、結局サビーヌスの意見が通った。そのためローマ軍は急遽荷ごしらえをして、早朝に出発する。これをエブローネース族は待ち伏せ、急襲をかけた。そのような攻撃を予想していなかったローマ軍は厳しい戦いを強いられ、劣勢に追い込まれていく。その途中で、アンビオリークスの姿を見たサビーヌスは、助命を嘆願しようと考え、コッタにも呼びかけるが、彼は拒絶する。サビーヌスは部下とともに単独でアンビオリークスのもとに赴くが、殺害される。コッタも戦闘の中で、多くの兵士たちとともに戦死した。

残りの兵士たちは、もとの陣営に戻るも、敵の包囲攻撃にさらされ、夜までは抵抗した。だが、既に助かる望みを失った彼らは、夜の間に全員が自殺を遂げるという悲劇的な結末を迎えた。わずかに戦闘中に脱出した者が、レーミー族の土地の、トレーウェリー族との境界あたりに冬営中だった別の軍団のもとにたどりつき、事態を知らせる。

ネルウィイー族の攻撃

勝ち誇るアンビオリークスは、即座に、同じベルガエ人のアトゥアトゥキー族、次いでネルウィイー族のもとを訪れ、戦果を伝えるとともに煽動する。特にやはり冬営地の一つとしてローマ軍を領内に受け入れていたネルウィイー族には、自分たちと同様の攻撃をするよう強く促し、説得した。

それに乗ったネルウィイー族は、周辺の部族たちにも呼びかけて、ローマ軍の冬期陣営(彼らのもとには、まだ前述の軍団の悲報は届いていなかった)に急襲をかけた。ローマ軍は不意を衝かれるが、何とか応戦し、続く数日間に不眠不休の作業を行って、ひと通りの防御設備を作り上げる。だが、カエサルに急を知らせるべく送った使者は途中で捕まってしまった。

この冬期陣営で指揮を執っていたのは、先にも触れたキケローの弟、クィーントゥス・トゥッリウス・キケローであった。ネルウィイー族は彼に対し、アンビオリークスと同じような手を使って、冬期陣営からローマ軍をおびき出そうとした。だがキケローはこれを突っぱね、籠城を続けた。ネルウィイー族は包囲攻撃を開始する。ローマ軍との交流からローマのやり方を学んだ彼らは、大規模な包囲網を、わずか三時間の工事で完成させたという。

苦しい包囲攻撃を何日も受けるなか、一人のネルウィイー族の者が救いをもたらすことになった。事情は記されていないが、彼は包囲攻撃開始の後で陣営に逃げ込み、キケローに忠誠を守っていた者だった。彼が自分の奴隷を、カエサルへの救援要請の手紙を託して送り出す。奴隷自身もガッリア人だったゆえに疑われず、手紙は無事にカエサルのもとに届けられた。

カエサルの救援

このころカエサルは、サマロブリーウァにいた。彼は直ちに自ら救援に赴く準備をするとともに、レーミー族のもとにいる前述の軍団にも連絡を送り、可能ならネルウィイー族の土地へ向かうよう伝える。だが、その冬営地にも、トレーウェリー族が攻撃をしかけてきており、応じることのできない状態だった。

ネルウィイー族の土地に到着したカエサルがまずしたことは、キケローらを勇気づけ、包囲攻撃から救うことだった。彼は一人のガッリア人に手紙を託し、届けさせる。投げ槍に結びつけて陣営内に投げ込むという方法だったため、二日の間、陣営内の人々は誰も気づかなかったという逸話つきだが、キケローはついには手紙を読み、皆にも読み聞かせ、一同は勇気を奮い立たす。

カエサルの到着を知った敵は、カエサルに向かって進撃した。カエサルはこうして自分の側に敵を引き寄せ、キケローらの包囲攻撃を解いた。さらに自分でも陣営を築いたうえで、そこから慌てて逃げ出すふりをして、敵を自分たちに有利な場所におびき出すという作戦を用い、まんまと騙された敵を撃退した。

救援作戦は成功したものの、この年の冬の間、ガッリアの様々な方面で不穏な動きがあった。そのためカエサルは、サマロブリーウァの冬期陣営で越冬することを決めた。

インドゥティオマールスの最期

その不穏な動きに大いに関わっていたのが、前述のトレーウェリー族のインドゥティオマールスである。彼は冬の間もずっと活動を続け、特にゲルマーニア人を呼び入れようと大いに努力した。それは果たせなかったものの、彼のもとには同調するガッリアの諸部族から次々に使節が訪れる。これに自信を得たインドゥティオマールスは、自分と対立するキンゲトリークスを部族の前で敵と宣告し、財産を没収する。そして、レーミー族のもとにあるローマ軍の冬営地へと進軍を開始した。

ここを指揮していたのはティトゥス・ラビエーヌスである。彼は既に強固な守りを固めており、落ち着いて作戦に当たることができた。インドゥティオマールスはローマ軍を戦いにおびき出そうと、何日にもわたって、しきりに挑発行為を繰り返した。しかしラビエーヌスは好きにさせておき、味方のガッリア人から召集した騎兵が到着するのを待った。到着した騎兵は、夜間密かに陣営に入った。ここまですっかり油断した敵は、その翌日も、いつもの挑発行為を繰り返し、夕方になったので帰ろうとする。そのときを待っていたラビエーヌスは、一気に全騎兵を出撃させた。彼はただひたすらインドゥティオマールスを狙うように命じ、その結果、全軍が彼を追って、ついにその首を取る。彼の死により、他の部族も自分たちの土地に引き揚げ、ガッリアの不穏な状況は幾らか改善された。

ラビエーヌスの名はここで初めて言及したが、彼はカエサルの副官の中でも、もっとも優れた軍人の一人であった。『ガリア戦記』の中でも、戦況に応じた彼の的確な行動は、しばしば言及されている。カエサルは彼を重要な作戦に起用し、大いに優遇した。だが彼は、もともとポンペイユスの部下だったこともあり、内戦のときはポンペイユスのもとに戻ってゆく。

なお続く不穏な情勢(前五三年)

インドゥティオマールスの死で多少押さえられたものの、ガッリアの不穏な情勢は続いており、大規模な蜂起に備える必要があった。しかもサビーヌスの件で多くの兵が失われてもいた。カエサルは新たな徴兵を行うことにして、ポンペイユスにも助力を依頼する。その結果、新たな三個軍団が彼のもとに到着する。なお、彼の総督命令権は、前五六年の段階で、さらに五年間延長されることが決まっていた(背景については次章で述べる)。

他方、ネルウィイー族とトレーウェリー族をはじめとする多くの部族が、一部はゲルマーニア人をも引き入れて、戦争を準備していることを彼は把握していた。そこで彼は、まだ冬営中にネルウィイー族を急襲し、降伏させ、人質を差し出させてその勢いを削いだ。

そして春になると、まず不穏な動きを見せていたセーノーネス族やカルヌーテース族を押さえつけておいたうえで、トレーウェリー族およびエブローネース族との戦いに全力を傾ける。そのころトレーウェリー族はゲルマーニアから援軍を招くことに成功しており、またそれをエブローネース族にも仲介していた。また、エブローネース族は、近くのメナピイー族と結んでいた。メナピイー族は、ガッリアの諸部族の中で唯一、これまでカエサルとは全く没交渉の部族だった。カエサルは、このメナピイー族を襲って服従させ、エブローネース族と交渉することを一切禁じる。援軍の可能性を断って、エブローネース族を孤立させようという作戦である。

一方トレーウェリー族は、またラビエーヌスの陣営を攻撃しようとしていた。しかしそこに、カエサルから二個軍団が送られてきたため、彼らはゲルマーニアからの援軍を待つことにする。この状況を知ったラビエーヌスは、ゲルマーニア人到来を知って怯えて逃げ出すふりをして、敵を油断させおびき出し、勝利をおさめる。トレーウェリー族は敗走し、それを知ったゲルマーニア人もライン川の向こうに戻った。

メナピイー族への対処を済ませたカエサルは、再びライン川を越える計画を立てた。彼らがトレーウェリー族らに協力していたためである。今度も橋を建設して渡河し、ウビイー族のもとを訪れ、ガッリアに援軍を送っているのはスエービー族であるということを知る。さらにその後、ウビイー族からの情報で、スエービー族がローマ軍の進軍に備えて戦闘の準備を行っていること、深い森に撤退して、そこでローマ軍を待ち構えているということも知った。だがカエサルは、ここで戦争を行うことを断念する。ゲルマーニア人は農耕を行わないため、現地での食糧調達に懸念があるからである。そこで軍隊を引きあげ、エブローネース族との戦いへと向かった。

エブローネース族の討伐

だがこの戦いは、両軍がぶつかり合うというような形にはならなかった。アンビオリークスはたまたまカエサルの先遣隊に遭遇したものの逃げおおせる。そして彼の指示でエブローネース族の者たちは、家を捨てて森や沼など、思い思いの隠れ場所に散り散りに避難した。アンビオリークスの共同統治者であったカトゥウォルクスは老齢のため逃げ切れず、アンビオリークスを呪いながら自殺したという。

しかしカエサルは矛をおさめなかった。配下の軍隊を三つに分け、一つはメナピイー族の方面へ、一つはアトゥアトゥキー族近辺へと派遣し、自分はアンビオリークスの追跡を続けた。全軍団の荷物は、エブローネース族の領内の、前年にサビーヌスらが冬営するはずだった陣営に運ばせ、キケローをその守備の指揮にあてた。もっとも、カエサルは長期の遠征をする予定はなく、七日間で戻ると告げ、他の二隊にもそう指示してあった。そうしないと、陣営の食糧が切れるからである。

だが、分散して、しかも行軍や戦闘に不便な場所に隠れているエブローネース族を討伐するのは容易ではなかった。そのためカエサルは、近隣の諸部族に知らせを送って、エブローネース族の土地を好きなように略奪するよう仕向けた。ところがこの情報はゲルマーニア人のもとにも伝わり、その中でスガンブリー族がライン川を越え、略奪にやってきた。彼らは家畜を奪うとともに、エブローネース族も数多く捕虜とするが、その捕虜から、ローマ軍の荷物がすべて一箇所に集められていること、カエサルが離れたところにいるということを教えられ、荷物の集められた陣営を襲うようけしかけられる。

一方陣営にいたキケローは、カエサルから事前に受けた指示に従い、全軍で砦の中に籠もっていた。しかし約束の七日目が来てもカエサルが戻る気配が見えず、兵士たちにも促されたため、一部の者を食糧調達のために周辺に派遣した。その直後、ゲルマーニア人が到着し、陣営を襲撃する。突然の攻撃を受けたからだけでなく、前年のサビーヌスらの悲劇の記憶でローマ軍はパニックに陥り、食糧調達から帰ってきた者たちを含め、少なからぬ戦死者が出た。しかし何とか防衛を立て直したので、ゲルマーニア人も諦めて引きあげる。カエサルが戻ってきたのは、その日の夜だった。

結局、アンビオリークスを捕らえることはかなわなかった。彼のその後は不明だが、『ガリア戦記』第八巻でも存命として言及されているので、まんまと生きのびたのかもしれない。カエサルはなおも周辺地域を荒らしてレーミー族の土地へと引きあげ、この年に不穏な動きを起こした者たちに対する処罰を行った。そして軍団の冬営について手配したうえで、自身は巡回裁判のためキサルピーナに向けて出発した。

5 ウェルキンゲトリークスとの戦い（前五二年）——『ガリア戦記』第七巻

密かな蜂起の計画

しかしガッリアの不穏な情勢はおさまっておらず、むしろいっそう悪化した。おりしも、ローマの政治状況が混乱状態にあったため（次章参照）、カエサルもそれに繋ぎ止められると踏んだ部族の指導者たちは、密かに集まり、民族の自由を取り戻そうと、共同して大規模な蜂起を企てることを誓い合う。カルヌーテース族が真っ先に行動を起こすことを約束し、その言葉どおり、彼らは自分たちの土地に居住していたローマ人の商人たちを襲撃して殺し、略奪した。

彼らが約束を果たしたという一報は、大声を発して、それを聞いた者が同じことを繰り返して伝えていくというガッリア人特有の方法により、各地に伝えられた。カエサルの記すところによれば、次に述べるアルウェルニー族の土地まで（およそ二四〇キロ）、一五時間ほどで伝わったという。

こうして各地で蜂起が始まっていくが、その中でガッリア人の連合軍を率いることになるのが、アルウェルニー族のウェルキンゲトリークスという人物である。このアルウェルニー族は、現在のフランス中部のオーヴェルニュ地方（その名は彼らの部族名に由来）のあたりに居住していた人々である。ここまで『ガリア戦記』の中では、ハエドゥイー族とガッリアの覇権を争っているという話を含め、第一巻で数回触れられるのみであった。ここでウェルキンゲトリークスとともに前面に出てくることになる。

ウェルキンゲトリークスの父はケルティッルスといい、ガッリアでも非常な権勢を振るった人物であったが、王権を狙ったために自分の部族に処刑されていた。それはウェルキンゲトリークス自身の権力には影響はなかったようで、このとき彼は、部族内で最高の権力を誇っていたという。

さて、ウェルキンゲトリークスも自分の土地での蜂起を企てるが、その計画に同調しない部族の他の指導者たちから妨害を受け、彼らの中心都市ゲルゴウィアから追放されてしまった。しかし彼はあきらめず、貧困者やならず者を募り、ガッリアの自由を大義に掲げて、同調する人々を増やしていく。ついには自分を追放した人々を逆に追放して部族の主導権を握り、近隣の諸部族にも呼びかけて、大西洋沿岸の諸部族からなる一大連合を作り上げ、その指揮権を任されるに至った。彼はさっそく、それらの部族から人質と兵士の提供を求める。

さらに彼は自分の部下ルクテリウスをルテーニー族のもとへ進軍させ、自らはビトゥリーゲス族のもとへ進軍して、それぞれの部族を自分の味方に引き入れた。ルクテリウスは近くの別の二部族もしたがえ、属州トラーンサルピーナの都市ナールボーを目指して進軍してくる。

このような事態を知ったカエサルは、当時はまだキサルピーナにいたのだが、直ちにナールボーへと出発し、ルクテリウスに先んじて到着する。こうしてルクテリウスのそれ以上の進軍を封じておいて、自身はアルウェルニー族の土地へと向かった。ウェルキンゲトリークスの留守をついて急襲をかけ、防衛のために彼を自分の国に戻らざるを得なくするためである。途中、雪の深く積もった山地を進軍するという強行軍であったが、作戦は成功し、ウェルキンゲトリークスはひとまずアルウェルニー族のもとに戻った。

アウァリクムの戦い

その後、両軍の戦いはビトゥリーゲス族の土地へと移り、彼らの誇る美しい城塞都市アウァリクムの攻城戦が展開されることになる。その経緯はこうである。カエサルは前述のようにアルウェルニー族の土地を急襲したが、その後、軍隊を集めるべく、まずウィエンナへ、次いでリンゴネス族の土地へと移動した。しかしこれを知ったウェルキンゲトリークスは、再びビトゥリーゲス族の土地に戻り、そこを基地として近くのボイイー族（先に述べたように、ヘルウェーティイー戦争の後、ハエドゥイー族に服属していた）の都市に攻撃をしかける。

既にここまでにも触れたように、ハエドゥイー族はガッリア諸部族の中でも、レーミー族と並んで最もローマに協力的な部族であり、ここでローマ軍がボイイー族のことを見捨てたとなれば、ガッリア諸部族のさらなる反発と離反につながりかねない。そこでカエサルはボイイー族救援に向かい、ビトゥリーゲス族の土地に侵入して、ノウィオドゥーヌムという都市を攻撃する。一方、カエサルの到着を知ったウェルキンゲトリークスは、ボイイー族のもとから撤退し、カエサルに向かって進軍した。両軍はぶつかるが、ゲルマーニア人の騎兵（『ガリア戦記』

ではこれまでに言及がなく、部族名も不明だが、カエサルが何らかの形で援軍として獲得したものか)を投入したローマ軍が勝利をおさめる。

次いでカエサルが試みたのが、アウァリクムの包囲攻撃であった。この都市はビトゥリーゲス族にとって最も重要な都市であり、ここを獲得すればビトゥリーゲス族も降伏せざるを得ないはずだった。一方、思わしくない戦況(これより前にも、同盟部族の複数都市をカエサルに攻略されていた)を見たウェルキンゲトリークスは、ビトゥリーゲス族の町を全て破壊し、それによってローマ軍の補給を断つという作戦を示す。その作戦は味方の賛同を得て、直ちに町の破壊が行われるが、アウァリクムのみは、ビトゥリーゲス族の嘆願により残された。

このアウァリクムは、経路が一本の細い道に限られ、他は沼地と川に囲まれていた。そのため、包囲攻撃は有効ではなかったので、敵の城壁を越えて攻め込むための各種装置(図3-3参照)を建設するという手段が取られた。しかし敵は、ローマ軍の工事を妨害したり、せっかく作り上げた設備を破壊したりして対抗する。ローマ軍をいっそう苦しめたのは、補給の問題であった。前述のように身近な補給は断たれていたうえに、ボイイー族およびハエドゥイー族に指示した調達も思うようには果たされなかった。しかし兵士たちは飢餓の極みに達しても、作戦を放棄することを恥として肯《がえ》んじなかった。カルヌーテース族のもとで襲われて殺されたローマ人の仇を討つ、という強い気持ちも彼らを支えていた。

様々な妨害を受けながらもようやく工事がほぼ完成に近づいた頃、再び敵が、一斉に攻城設備への激しい破壊行為を開始する。それを防ぐために交戦状態となり、長時間にわたる戦いが行われるが、ついにローマ軍が優勢となった。敵はアウァリクムの放棄を決め、まだ決定的なダメージを被らないうちに、夜間に密かに脱出しようとした。しかし、彼らが見捨てようとした女性たちが、大声をあげてローマ軍に知らせると脅したため、断念せざるを得なかった。

結局翌日、ローマ軍の急襲を受けた彼らは持ちこたえることができず、敗走する。ローマ軍の兵士たちの怒りは色々な意味で頂点に達しており、誰もが略奪よりも殺害を優先した。老人、女子供も含めて大多数の人々が殺され、およそ四万人ほどいたうちから、やっと八〇〇人ほどしか逃れることができなかったという。

ハエドゥイー族の離反

次にウェルキンゲトリークスとの戦いの舞台となったのは、アルウェルニー族の本拠地ゲルゴウィアである。この都市は高い山の上にあり、道も険しく、攻め落とすのは非常に難しかった。カエサルは近くの丘に陣営を構え、じっくりと攻めようとするが、ここで容易ならぬ事態が発生する。長らくローマに忠実であったハエドゥイー族の裏切りである。

そもそも、カエサルがゲルゴウィアに来る前に、ハエドゥイー族はコトゥスとコンウィクトリタウィスという二人の有力者の間で割れ、カエサルに調停を依頼していた(カエサルの友人ディーウィキアークスは、『ガリア戦記』第二巻以後、過去の話の中でしか登場しないため、既に存命ではなかったものと思われる)。カエサルはそれを受けて彼らのもとに赴き、コンウィクトリタウィスの方を部族の最高位の官職に就けてあった。そのコンウィクトリタウィスが、アルウェルニー族に買収されたのである。

彼の差し金で、カエサルのもとに送られるはずだったハエドゥイー族の軍隊が同行していたローマ人を殺害して略奪し、さらにハエドゥイー族の領内でもローマ人の虐殺・略奪が行われた。これは実は、カエサルのもとにいたハエドゥイー族の二人の有力者を、アルウェルニー族と会談したという理由でカエサルが殺したという偽りの情報が流されたためであった。真実を知った人々はカエサルに赦しを求め、カエサルもいちおう赦すが、既に彼の心には、ハエドゥイー族の忠誠に対する疑念が芽生えていた。

したがってカエサルとしては、一刻も早くゲルゴウィアを出発し、大規模な蜂起に備えて自軍の再編成をする必要があった。だがここで何もせずに引き揚げては、ハエドゥイー族の件で怯えて退却したように見られる恐れがある。彼は非常に難しい立場に置かれる。

しかし一つのきっかけが見出される。敵が自分たちの補給路として、ある尾根伝いの道をとりわけ気にかけていることが判明したため、そこを占拠すると見せかけて敵をおびき出し、その間に城へと攻撃をしかけたのである。ところが、さしあたり十分な結果を得たと考えたカエサルが退却の合図を与えたのにもかかわらず、一部の兵士がそれに気づかず、勢いに乗ったまま進撃を続けてしまった。そこに盛り返してきた敵が逆襲し、ローマ軍は相当の戦死者を出す羽目になった。そのためカエサルは、撤収を準備するも、すぐに立ち去るのではなく、二日ほど敵との間に小競り合いを行って、相手の勢いを削ぐとともに自軍の士気を回復してから出発した——こう語るカエサルの言葉はもっともらしく響くが、ありていに言うなら、このゲルゴウィアの作戦は失敗であった。

ガッリア全土に広がる蜂起

カエサルとローマ軍にとって困難な状況は続く。カエサルはノウィオドゥーヌム(同名の町が複数存在するが、これは現ヌヴェールに相当)という、ロワール川の河畔にあるハエドゥイー族の町に、自軍の物資の大半や、ガッリアの諸部族から得た人質全員を集めてあった。おりしも、カエサルにそれまで同道していたハエドゥイー族の前述の二人が、ローマに対する部族の忠誠を守らせるとして先発していたのだが、この町に着いたところで自分たちの部族が今やウェルキンゲトリークスと手を結ぼうとしていることを知る。そこで彼らは、ローマ軍を窮地に陥れようと考え、物資を奪い、町を焼き払った。物資が不足すれば、ローマ軍は属州まで撤退せざるを得なくなると見込んだのである。

こうしてローマに敵対的な姿勢を明らかにしたハエドゥイー族は、各地に使節を送って煽動し、ローマに対する連合軍を組織して、自分たちがその主導権を握ろうとする。ノウィオドゥーヌムに集められていた人質も彼らは奪っていたが、解放してやったわけではなく、消極的な部族を脅して参加を強いるためであった。しかし、誰が戦争の指揮権を握るかについて、ウェルキンゲトリークスとの間で揉めたため、全ガッリアの会議を開催する。採決の結果、ハエドゥイー族の当ては外れ(それに対してカエサルは皮肉を吐いている)、ウェルキンゲトリークスに戦争の最高指揮権が委ねられることになった。彼は諸部族から武力を供出させ、軍を組織するが、とりわけ期待をかけたのは、一万五〇〇〇におよぶ騎兵の大軍であった。

なお、レーミー族とリンゴネス族がローマとの友誼を守るために、またトレーウェリー族はゲルマーニア人の攻撃を受けていたという理由で、この会議を欠席していた。とはいうものの、それまで部族間の覇権争いを頻繁に起こしていたガッリア人が、対ローマということで統一されたのは深刻な事態であった。ウェルキンゲトリークスは属州トラーンサルピーナ内のアッロブロゲス族への働きかけも試みており(ただし失敗に終わる)、反乱が連鎖的に広がる可能性もあったのである。

図3-2　城攻め

戦いの始まり

一方カエサルは、敵側の見込みに反して、属州に撤退することはせず、まずロワール川を渡ってセーノーネス族の方面へ向かい、パリーシイー族の方面から戻ってきたラビエーヌス率いる部隊と合流していた。ラビエーヌスはゲルゴウィアの戦い以前にカエサルから派遣されて、ルーテーティア(現パリ)に向かっていた。だが、ゲルゴウィアでのローマ軍の失敗やハエドゥイー族の裏切りを知った敵が、この機に乗じようと攻撃をしかけてきたため、ラビエーヌスは計画を変更すべきと判断し、防衛戦をしつつカエサルの元へと戻ってきたのである。敵が後ろに迫るなかセーヌ川を渡らねばならないという困難な作戦であったが、彼は見事に切り抜け、アゲディンクムという町に残してあった荷物とその守備隊も無事に回収した。

ラビエーヌスと合流したカエサルは、今度はリンゴネス族の領域の縁を経由してセークァニー族の方面へと進路を取る。属州トラーンサルピーナやキサルピーナからの援軍は期待できなかったため、ゲルマーニア人の援軍を要請した。

ウェルキンゲトリークスはカエサルの進路をつかむと、ガッリア人騎兵を前に、ローマ軍は属州へと撤収しようとしていると述べ、それは当座の自由を得るには十分であるが、今後の平和と平穏のためには、ここでとことん彼らを叩かねばならないと鼓舞した。これに応じた騎兵は、勢い込んでローマ軍を襲撃した。だが、ローマ軍は持ちこたえ、さらにゲルマーニア人の援軍が効果的に働き、敵を撃退することに成功する。

アレシアの戦い

敗れたウェルキンゲトリークスが撤退したのは、マンドゥービイー族の町アレシアである。この町については、包囲攻撃を行うのが有効と考えられたため、ローマ軍は適切な位置に陣営と監視のための砦を配置し、全周およそ一五キロにもわたってアレシアを包囲した。

ウェルキンゲトリークスは、この包囲が完成してしまう前に、全ての騎兵を夜間ひそかに送り出してあった。それぞれの部族に応援を要請させるためである。要請を受け、ガッリア人は

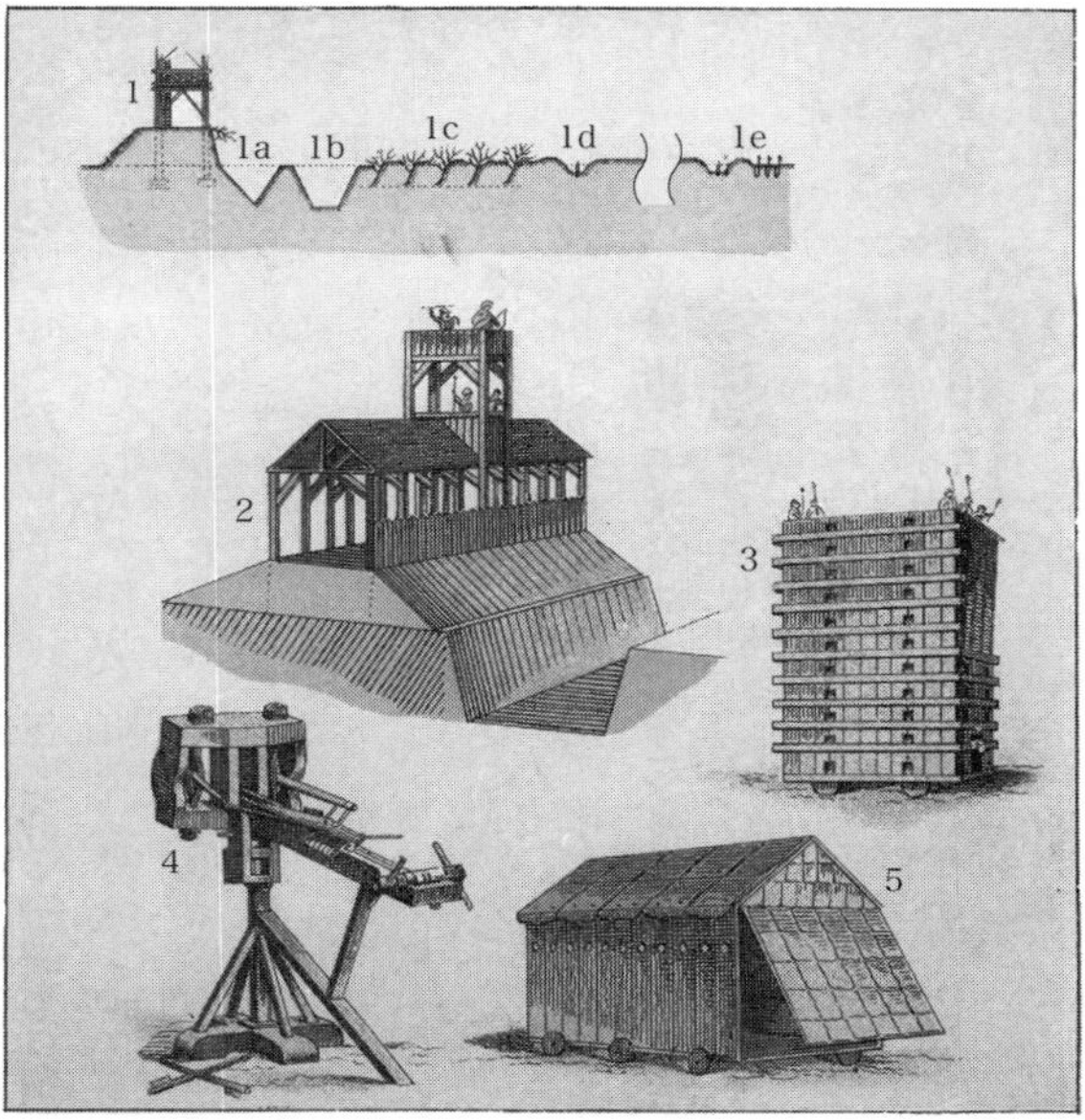

図 3-3　アレシアの戦いで使われた様々な攻城具(復元図)
1. ローマ軍の土塁と城壁から敵側へ向かった断面図．土塁の下に 2 つの壕が掘られ(1a, 1b)，その先には鋭くした枝を刺した浅い壕が 5 列にわたって続く(1c)．さらにその先には，尖った杭を刺した落とし穴が 8 列(1d)，さらにその先には鉄の鉤が埋め込まれた(1e)．
2. 防壁と櫓．
3. 攻城櫓(可動式の櫓)．
4. 弩砲．
5. 鎧車(可動式．城壁に近づく兵士を敵の矢や投石から防御する)．

(各種の訳語については，参考文献に挙げる高橋宏幸訳『ガリア戦記』に従った)

各部族から兵を集め、騎兵八〇〇〇、歩兵二五万もの大軍を組織すると、アレシアに向かった。

援軍の要請を知ったカエサルは、包囲網をいっそう厳しくする。防壁や、鋭くした枝を中に突き立てた壕や、落とし穴を作り、町から突破しようとする敵に備えた。また、もとの包囲の外側に、ガッリア人の援軍に備え、全周およそ二一キロにわたって防備を築いた。相当な大工事であったろうが、残念ながら工事の日数について、カエサルは特に伝えていない。

その間、アレシアで包囲されていた者たちの状況は逼迫していた。彼らの予測よりも援軍の到着が遅く、食糧もつきていたのである。ついにはかつてのキンブリー族とテウトニー族の先例をもとに、役に立たない者を殺して食糧とすべきであると提案する者まで現れる始末であった。それはあまりにも惨いため最終的手段として取って置かれることになったものの、戦いの役に立たない者は町から追い出されることになった。マンドゥービイー族も同じように追い出され、泣きながらカエサルに嘆願し、食べ物を乞うたものの、拒絶された。彼らはその後、餓死したという。

そんななか、ついにガッリア人の援軍が到着した。アレシアで包囲されていた者たちが歓喜するなか、戦闘が始まる。しかし、なかなか決着はつかなかった。二回にわたって大きな戦いが行われ、二度ともローマ軍が優勢に立ったものの、敵も諦めない。両軍とも、この戦いが最終決戦であると強く意識していたのである。敵の援軍はローマ軍の防備を改めてよく調べ、地

図 3-4　リオネル・ロワイヤル《カエサルの足下に武器を投げ棄てるウェルキンゲトリークス》(1899 年．ル・ピュイ・アン・ヴレ，クロザティエ博物館)

形の関係で十分に防衛できなかった箇所を見つけると、特にそこに重点を置くとともに、多くの箇所で一斉に攻撃をしかけた。ローマ軍が兵力を分散せざるを得なくなるようにしたのである。ウェルキンゲトリークスもアレシア側から加勢した。

ローマ軍がとりわけ苦戦したのは、やはり敵が目をつけた防備が手薄な箇所であった。カエサルはそれを知ると、まずラビエーヌスを援軍として送り、自分は他の場所をまわって、今こそ決戦の時であると兵士たちを鼓舞した。しかしラビエーヌスでも、敵の攻撃を支えきることはできず、カエサルに支援を要請した。駆けつけたカエサルの到着とともにさらなる激闘が繰り広げられ、ついにローマ軍が優勢に立ち、ガッリア人は敗走を開始する。

ウェルキンゲトリークスの最期

翌日ウェルキンゲトリークスは会議を召集してこう言った。自分がこの戦争を引き受けたのは、自分の必要のためではなく、皆の自由のためであった。だが運命には屈するしかないので、自分は諸君に我が身を委ねる、自分を殺してローマ人を満足させるか、生きたまま引き渡すか、どちらでも好きなようにせよ、と。結局ガッリア人は彼を生きたままローマ軍に引き渡した。

しかし彼は、すぐに処刑されることはなかった。この後まもなく内戦が始まったこともあって、前四六年になってようやく、カエサルはガッリア戦争の勝利について盛大な凱旋式をローマで挙行する。ガッリアの蜂起の総大将で、したがってカエサルの勝利を最も明らかに証する存在であるウェルキンゲトリークスは、その時まで延々六年も捕虜として生かしておかれ、凱旋式で引き回されたうえで、ようやく命を終えることができたのであった。

カエサルは『ガリア戦記』第七巻をこう結んでいる――「自分（カエサル）はビブラクテで越冬することに決めた。この年の事績が伝わると、ローマでは二〇日間にわたる感謝祭が行われた」。他の巻と特に変わることのない終わり方である。ガッリア総督としての任期はこの後も続くが、それについて彼が再び筆を執ることはなかった。このあと、彼の筆は内戦の記述へと向かう。

第４章
内戦と勝利

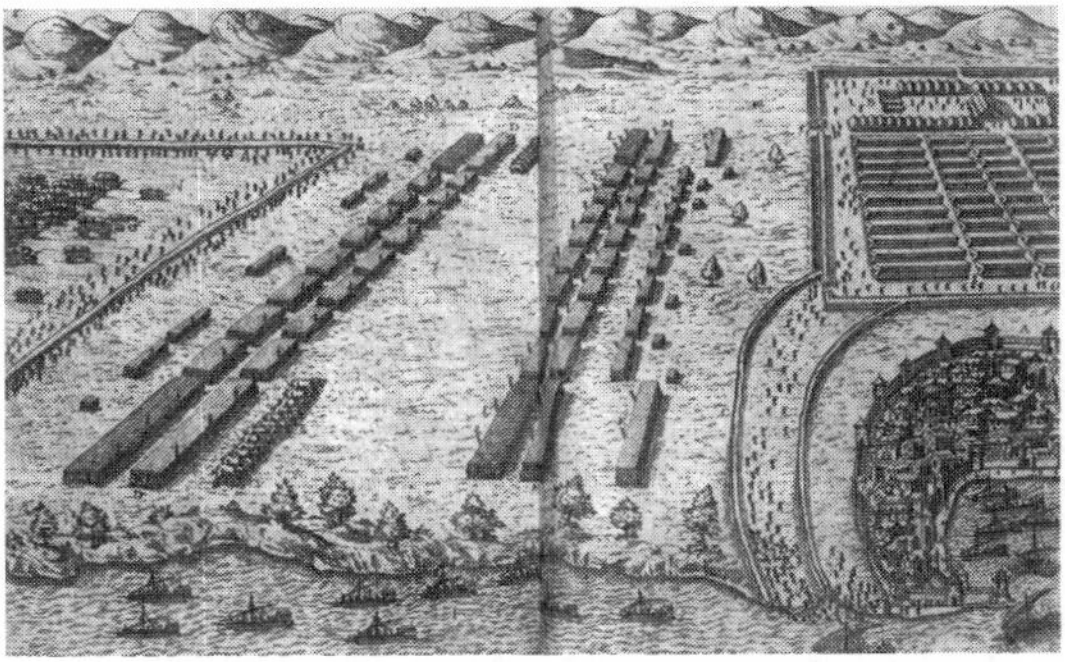

タプソスの戦い（16 世紀の銅版画）

ガッリア総督として大きな戦果をあげたカエサルは、軍隊の支持をバックにした指導者としてポンペイユスと並びうる強大な存在となった。だが、共和政ローマの常として、彼が有していた命令権は期限付きのものであり、必ず手放さなくてはならない時が来る。このような指導者たちが命令権を失う時には危険が伴う。敵対者たちは、いわば丸腰になった彼らを破滅させようと企むだろうし、彼らの方もそれを甘んじて受け入れるはずはないからである。

かつてスッラがマリウスと対立し、ミトリダーテース戦争の指揮権を取り上げられようとしたときには、ローマ進軍を強行した。ポンペイユスが東方遠征から帰国する際にも、彼が何か極端な行動に出るのではないかということが懸念されたが、特に何も起こらなかった。確かに当時の門閥派は彼に敵対的だった。だがありていに言えば、ポンペイユスに対抗できるような指導者、それこそ武力衝突が起きたときに、ポンペイユスと戦って勝てるような指導者は門閥派の中にはいなかった。だから彼は無理をする必要がなかったとも言える。ただし門閥派の抵抗は邪魔であるから、カエサルやクラッススと手を結んで押さえつけ、権力を維持した。

カエサルの総督任期が切れようとした時の状況は、スッラの場合と似ている。カエサルも命令権を奪われようとしていた。そして彼に対して極めて敵対的な一派(門閥派)が存在しただけでなく、別の強力な指導者、すなわちポンペイユスが彼らと手を結んでいた。対決は避けられず、どちらかが勝つまで終わらなかった。本章ではその過程を見ていこう。

1 カエサル不在のローマ（前五八〜五二年）

キケローの亡命

前章ではもっぱらガッリアでのカエサルの活動について述べたが、もちろんその間もローマの政治は動いており、カエサルに関係する事態も少なからず起きていた。ここからしばらくは、そのような出来事を幾つか取り上げながら、前章で扱ったのと並行する時期のローマの状況について見ていくことにする。

まず最初に触れておく必要があるのは、キケローの亡命であろう。前五八年三月、ちょうどヘルウェーティイー族の動きを受けてカエサルが属州に急行していた頃、キケローは亡命の途上にあった。

これは少なくとも表向きは、クローディウスの復讐によるものだった。かつての神聖冒瀆裁判（七二頁）でキケローに不利な証言をされたことを未だに深く根に持っていた彼は、この年の護民官に就任すると（本来パトリキイーの彼は、わざわざ平民の養子になって立候補した）、早速、裁判を行わずに市民を処刑した者は追放すべしという法案を提出した。これがカティリーナ事件におけるキケローの措置を指していることは誰の目にも明らかであった。このためキケローは、法案の成立を待たずに、自発的な亡命の道を選んだ。彼が去った後で、クローディウスは改めてキケロー本人を名指しした法案を出し、成立させてしまった。

これまでも幾つもの例を見てきたように、護民官が政治を大きく動かしうる存在であることは確かだが、この時期は三人の強大な権力者たちがいた。彼らがその気になれば、クローディウスを妨害できただろう。しかしキケローは、農地法に反対するなどして彼らの不興を買っていた。事態が進行するなか、カエサルはキケローに、自分の副官となってガッリアに同行するよう提案している。キケローは悩むが、このときも彼はカエサルの申し出を受け入れることを肯んじなかった。ポンペイユスも、クローディウスの攻撃からキケローを守ると約束している。しかしおそらく、彼らには本気でキケローを救う気はなかっただろう。キケロー本人の態度からして、無理のないことでもある。

キケローにとって、カティリーナの陰謀を鎮圧し、国家を救ったという功績は非常に誇らしいものであった。その時の措置がもとで亡命に追い込まれたのは皮肉と言うしかなく、亡命生活は彼にとって耐えがたい苦しみに満ちていた。しばしば親友アッティクスに手紙を送り、苦悩を訴えている。

もっとも、この亡命はそれほど長くは続かなかった。クローディウスは、何を思ったのか今度は門閥派に近づき、カエサルの農地法の無効を訴えたり、特に公然とポンペイユスを非難し、攻撃するなどの行動に出た。クラッススが裏で糸を引いていたとされる。そのためポンペイユスは、当てつけとしてキケローの復帰を支援した。カエサルもそれを了承し、こうしてキケローは、ほぼ一年半の後、再びローマに帰ってくる(前五七年九月)。

ラウェンナとルーカの会談

前章で、前五六年にカエサルが直接指揮を執った戦いが、ウェネティー族に対するものだけであったと述べた。これには事情があった。カエサルは、前五八年から前五四年までの五年間にわたるガッリア総督としての命令権を与えられていたわけだが、その地位をさらに長く保持し征服活動を続けたかった。だがもちろん、そこには敵対者たちからの反発が予想される。実際に、門閥派の有力者の一人ルーキウス・ドミティウス・アヘーノバルブスは、前五五年の執政官に立候補することを宣言し、カエサルから属州を取り上げてやると公言していた。

一方で、この頃ポンペイユスとクラッススの間の敵対関係は再び激しくなっていた。ここで三頭政が瓦解することになれば、カエサルにとっては非常に厄介なことになる。そこで彼は戦地を離れ、ガッリア・キサルピーナの一都市ラウェンナでクラッススと、次いで同じくルーカでポンペイユスと会談を行う（前五六年四月）。まだ任期中の総督が、属州の領域を出ることは許されないからである。なお、このときルーカで三者が一堂に会したという説もあるが、キケローは上のように伝える（『縁者・友人宛書簡集』一・九・九）。

会談の具体的な内容はどの古典資料にも伝えられていないが、いずれにせよ、同盟関係を維持することが確認された。カエサルは、最初に三頭政を組織した時のように、ここでも手腕を発揮して、両者の仲を取り持ったのだろう。前五五年の執政官にはポンペイユスとクラッススが就任することになり（二人とも、前七〇年以来二度目）、さらに退任後は、ポンペイユスは属州ヒスパーニアの、クラッススは属州シュリアの、それぞれ五年間にわたる総督命令権を獲得することになった。つまり彼らも、長期にわたる軍隊指揮権を獲得したことになる。ポンペイユスの命令権については、その後さらに延長された。

ポンペイユスは既に前五七年の段階で、ローマ市内のための穀物供給と分配を管理統制する（当時、ローマは食糧難に陥っていた）という特別な任務を、五年間にわたって獲得していた。食べ物についての権限を握っているのは大きい。だが、彼が本来目論んでいたのは、この任務のためという名目で、さらに国庫についての全権や、軍隊指揮権、全属州における総督よりも上級の命令権なども獲得することだったらしい。彼の息のかかった護民官がそういう法案を出したが、通らなかった。したがって、ここでポンペイユスが長期の命令権を獲得したことには意

図 4-1　イタリア半島とその周辺

味がある。

なお、ポンペイユスは執政官退任後もローマ近郊に残り、属州へは副官(レーガートゥス)を送って統治させるという前例のない方法(属州統治者については四九頁を参照)を使って、首都に圧力をかけ続けた。ポーメーリウム内に入ると命令権は失われるため(七五頁)、彼は市外におり、元老院にも出席していない。

そして、カエサルの命令権は、さらに五年間延長されることになった。これにより、カエサルは三頭政崩壊の危機を切り抜け、余裕を持って征服活動を続けることができた。

ところで、この三頭政崩壊の危機をチャンスと見た門閥派も少なからずいた。そしてキケローも、再び三頭政に対抗する姿勢をあらわにし、農地法を批判する演説を元老院で行うなどした。彼らの見込みは結局は当て外れに終わり、特にキケローは不安な立場に追い込まれる。三頭政が彼の行動を不快に思っていることが伝えられたのである。惨めな亡命の記憶が改めて甦ったのか、彼はついにここで、三頭政に対する抵抗を放棄することを決める。門閥派はもちろん彼の転向を非難した。本人も内心忸怩たるものがあったろうが、この後のキケローは、政治には積極的に関与せず、弁論活動ももっぱら三頭政の意向に沿ったものを行うようになる。

ユーリアとクラッススの死 150

同盟関係の維持は確認したものの、カエサルが征服活動で大きな成果をあげ、新たな権力者としての地位を築いていったことは、ポンペイユスからすると面白からぬことだった。そもそもポンペイユスが三頭政を結成するに至ったのは、門閥派があまりにも彼に非妥協的であったことが大きい。それに当時は、ポンペイユスとクラッススと比べれば、カエサルはまだまだ売り出し中の、格下の存在だった。ポンペイユスはカエサルのことを、クラッススとの間の緩衝材くらいに考えていたかもしれない。しかし急速に力をつけ、自分と並び立つ存在になりつつあったカエサルを許容するのは、ポンペイユスには難しくなっていった。

とはいえ、両者を結びつける二人の存在があったうちはまだよかった。一人は、ポンペイユスに嫁いだカエサルの娘ユーリアである。だが不幸にも彼女は、出産の際に若くして命を落としてしまう(前五四年八月)。産んだ子も数日しか生きなかった。ちょうどカエサルが二度目のブリタンニア遠征を行っていた頃である。彼女は愛すべき性格だったらしく、カエサルだけでなく、ポンペイユスもその死を大いに悲しんだという。彼女が両者の関係を良好に保つのに重要な役割を果たしていたのは確かであり、その存在が失われたことで、両者の友人たちは非常に動揺したとプルータルコスは伝えている。

そしてもう一人はクラッススである。クラッススを交えた三人で結成されたことで、彼らの同盟は簡単には壊せないものとなり、前五六年の危機も切り抜けることができたといえる。だがそのクラッススは、前述のようにシュリア総督職を獲得すると、パルティア遠征を試み、大敗して悲惨な死を遂げた(前五三年六月)。ガッリアでカエサルの副官も務めた息子のクラッススも、同じくこのとき戦死した(五四頁も参照)。

パルティアは勇猛で知られた大変な強敵であり、これで勝利をあげれば、ポンペイユスやカエサルの武名を凌駕することもできたかもしれない。この遠征は、実力に見合わない無謀な企図だったとか、酷評されることが多いのだが、カエサルが武名を高めていくなか、クラッススも自分だけ見劣りするわけにはいかなかったのだろう。強烈な名誉欲、何としても自分が上に立ちたいという熾烈な競争心が、彼にもあったに違いない。

首都の混乱

前五二年、首都ローマはほとんど無政府状態になっていた。それは既に前年から続いていた事態で、政治的闘争が暴力行為にまで発展し、敵対勢力同士の抗争が頻繁に行われる始末であった。抗争の一端を担っていたのは、例のクローディウスである。彼のポンペイユスに対する攻撃は、ルーカの会談以後はなりを潜め、当時はむしろポンペイユスに従って動いていた。もう一方は、ティトゥス・アンニウス・ミローという人物であり、こちらは門閥派の支援を受けていた。ミローも多くの手下を抱えており、彼らはしばしば激しくぶつかりあっていた。

いったいどこのギャング団の話かと思うだろうが、前にも触れたように、クローディウスはパトリキイーの名家の出身であるし、ミローも、ラティウム地方の古い町ラーヌウィウムの良い家柄の出である。しかも駆け出しの若手でもない。このとき、クローディウスは前五二年の法務官職に、ミローは同じく執政官職に、それぞれ立候補していた。「前五二年の」というところがポイントである。すなわち、前年中に執政官や法務官職の選挙が行われず、年が明けても空席のままだったのである。彼らがお互いの就任を妨げようと、選挙の実施を妨害したからである。結果として抗争は激しくなる一方であり、ついには一月一八日、クローディウスが殺害されるに至る。

クローディウスは狂暴で無節操で自分の欲望のままに突き進む人間であったが、民衆には非常に人気があった。彼の葬儀の際には民衆の暴動が起こり、彼の手下は元老院議事堂に放火した。こうした暴動は続き、選挙も含めて各種の国事を妨害した。非常事態が宣言され、ポンペイユスがイタリア全土で軍隊の徴募を行うことを元老院は決議した。混乱のなか、ポンペイユスに独裁官就任を求める声があがってくる。もし彼が独裁官に就任したら、もはやカエサルを同盟相手として必要としないかもしれない。そのためカエサルは、再び戦地を離れ、ラウェンナまで来て、ポンペイユスと交渉しなくてはならなかった。

第三章で述べたガッリアの大蜂起は、ローマのこのような混乱状態と政況を知ったガッリア人が起こしたものだった。カエサルがこのとき直面した難局は大変なものだったといえる。しかし、カエサルにとっては幸いにも、このときはまだ、ポンペイユスは彼を切り捨てようとはしなかった。確かにポンペイユスは、カエサルがユーリアに代わる新たな妻として、自分の親類の娘(後のアウグストゥスの姉オクターウィア)を提案したのに対し、それを拒絶した。しかしその一方で、カエサルに、ローマに不在のままで前四八年就任の執政官選挙に立候補する権利を与えている(正確には、そのような法案が可決されることを許した)。

すなわちカエサルは、総督命令権を失うという前述のように危険なタイミングを、うまく切り抜けることのできる術を得たことになる。少なくとも彼本人はそう思って、ウェルキンゲトリークスとの戦いに急いだことだろう。

歩み寄るポンペイユスと門閥派

一方、ポンペイユスは結局独裁官にはならなかった。代わりに、同じ前五二年二月の終わりに、同僚を持たない単独の執政官という形で、三度目の執政官に就任している。ここには、門閥派のポンペイユスに対する妥協があった。

門閥派としては、ポンペイユスを独裁官にすることは何としても避けたかった。しかし首都の混乱をおさめるには、ポンペイユスの力が必要である。そこで彼らは、単独の執政官という地位を、いわば彼に差し出したのである。これは、それまでの門閥派の姿勢を考えれば、大きな一歩だった。相変わらず現地には赴かなかったものの、ポンペイユスの総督命令権も延長されており、したがって彼は、執政官と属州総督の地位を両方有していたことになる。

ポンペイユスと門閥派の関係が軟化してきた証拠は他にもある。同じ頃、彼は新たな妻として、カエサルの強硬な敵対者であるスキーピオーの娘コルネーリアを娶った。彼女の亡き夫は、前述のクラッススの息子である。そのことは、ポンペイユスにとって特に障害とはならなかった。そして同年八月、彼はスキーピオーを同僚の執政官に引き立てている。これにより、執政官が一人のみという状態も終了した。

2 内戦へ向かうローマ（前五一～五〇年）

ガッリア征服の完成

ここで再び属州ガッリアに目を向けてみよう。ウェルキンゲトリークス率いるガッリア連合軍との戦いは終了したものの、各部族を完全に服属させたわけでもなければ、反乱の火種が完全に消えたわけでもなかった。ガッリアの諸部族は、カエサルが永遠にガッリアにとどまるわけではないこと、それどころか、彼の任期がまもなく切れることも知っていたという。自分が去るのを待って彼らが反乱を起こすことがないよう、前五一年、カエサルは徹底的な征服活動を開始する。まだ反抗しようとしていた諸部族（ベッロウァキー族、トレーウェリー族、エブローネース族など）を相手に戦い、次々と降伏させた。

こうして彼はガッリアの征服を完成させる。前五八年、ヘルウェーティイー族の移動に介入したことを契機として、ここまで来たわけである。これらの地域は、最初はガッリア・トラーンサルピーナに組み入れられたが、変遷を経て、前二七年以後はアクィーターニア、ルグドゥーネーンシス、ベルギカという三つの属州となった。いずれの地域でもローマ化が進み、都市は整備され、ローマ風の建築物や、円形劇場、公衆浴場も各地に建設された。ラテン語も使われるようになった。ルグドゥーネーンシスの中心市ルグドゥーヌム（現リヨン）のように、属州の都市として発展し、現在までも繁栄しているところも数多くある。ローマの支配下に入ったことが、ガッリアの発展に寄与したことは確かである。

しかしそれは、大きな犠牲の上に成り立ったものでもある。ゲルツァーに拠れば、ガッリアの総兵力の三分の一が死亡し、三分の一が捕虜または奴隷となったという。たとえば前五七年にアトゥアトゥキー族と戦ったとき、カエサルは五万三〇〇〇人を奴隷にしたと自ら記している。土地が略奪され、村が破壊行為を受けることもあった。また、多くの神殿が略奪の対象となり、豊かな黄金の宝物も奪われた。

そしてこうした略奪行為が、カエサルが築いた巨万の富の源泉であった。彼は自分の巨額の借金を清算したばかりか、部下や兵士たちにも大盤振る舞いを行った。さらに彼はこれらの富を、首都の政治で根回しを行うためにも派手にばらまいたし、公共建造物のためにも巨額を寄付した。恩恵を受けた人々がカエサルを熱狂的に支持したのも当然だろう(逆に激しい憎悪や嫉妬も生まれていただろう)。こうして彼の勢いはますます強くなっていく。

カエサルの任期に関する論争

これに対し、門閥派は反カエサルの動きを活発化させていった。まず同じ前五一年、ガッリアの征服が完成したことを受け、もはやカエサルが総督であり続ける必要はなく、彼を呼び戻すべきだという論争が起こる。それを主張したのは、同年の執政官の一人で、カエサルに非常に敵対的だったマールクス・クラウディウス・マールケッルスである。総督の命令権を取り上げ、私人となった彼を訴追して破滅させようという算段である。もっともこのときは、カエサル派の護民官たちの拒否権発動もあって、彼の試みは失敗に終わった。

だが、任期を満了できたとしても、カエサルにとっては命令権の維持について安心できない事態が生じていた。背景は少々複雑である。

前述のようにカエサルは、ポンペイユスとの交渉により、不在のまま前四八年就任の執政官選挙に出る権利を与えられていた。もともと彼の総督任期は、ルーカの会談でさらに五年延長されたものである。一番最初にウァティーニウス法で決められた任期の終了日は前五四年三月一日であったため、「五年延長」された任期は、普通に考えれば、前四九年三月一日までであろう。実はこの時点でも、前四八年就任の執政官選挙に出る(そしてもちろん当選し、一月一日に就任する)とすれば、前四九年三月二日〜一二月三一日までの空白期間があることになる。しかし彼は少なくとも当初は、上述の権利で満足していたようである。まず、それがなぜなのか、考えなくてはならない。

これに関連しては、カエサルの文言やキケローの書簡の解釈を含め、様々な議論が行われてきた。以下の説明は、参考文献に引くジョン・M・カーターの説明に沿ったものである。それによれば、「五年延長」を決定した法(リキニウス=ポンペイユス法)は、カエサルの任期が終わる日を指定するのではなく、前五〇年三月一日までは、ガッリアの次の担当者について議論しない、というようなものであったと推測される。ガッリアは執政官格属州で、かつ、執政官が退任後に担当する予定の属州は、彼らが選出されるより前に指定される決まりがあったことは既に述べた(八四頁)。そのため、もしカエサルがガッリアを前四九年に離れねばならないとしたら、それはすなわち、前五〇年の執政官が彼の後任に来るということであり、そしてそのことは既に前五一年の段階で決まっていなくてはならないことになる。

したがって、前五〇年三月までは新規担当者についての議論が行われないのであれば、次に総督として来るのは、早くても前四九年の執政官のはずである。そのためカエサルとしては、前四八年の早い時期までは自分の後任は来ない（つまり前四九年三月一日〜一二月三一日も、自分は属州に留まることができる）と見込むことができた。

しかし、この状況が変わっていたのである。前五二年にポンペイユスは新しい法を作り、執政官や法務官は退任後すぐに属州に行くのではなく、五年の間隔を置くべきであるということ、したがって当面の数年は、過去に執政官や法務官に就任した者から総督を選ぶ、ということを決めた。最初から担当属州が決まっていることが、候補者同士の取り引きなど、選挙違反の温床となっていたからである（なお、この法のあおりを受けて、キケローも前五一年、属州キリキアに総督として赴任するはめになった）。

この法は、その気になればカエサルからガッリアを取り上げるのにも使うことができるものだった。前五〇年三月になればガッリアの新しい担当者を議論することが可能であり、そこで選ばれるのはガッリアに直ちに赴くことが可能な人であるはずだからである。「その気になれば」というところが問題で、要するにカエサルとポンペイユスの関係次第である。ポンペイユスはカエサルのために例外措置をとって援護することもできるし、逆に突き放し、切り捨てることもできるわけであった。

前五〇年の政争

結局、ポンペイユスはカエサルに圧力をかける方向を選び、前五〇年三月一日、執政官格属州の担当者についての議論が元老院で始まる。カエサル本人は属州を離れるわけにはいかないので、元老院の中のカエサル支持者たちが、彼の意向を受けて抵抗した。中でもその年の護民官だったガーイウス・スクリーボーニウス・クーリオーの働きはめざましく、拒否権を発動して、属州の担当者についての議論を止めてしまった。その結果、ガッリアのみならず、他の属州の総督も決められないという事態になった。

クーリオーがそこまでできた背景には、ポンペイユスの健康がその頃ひどく悪化し、政治に関与することができなかったこともあるだろう(六月初旬にキケローがある人物から受け取った手紙に、ポンペイユスの体調不良を伝える文言がある)。クーリオーはまた、カエサルとポンペイユスの両人が同時に命令権と軍隊を放棄することを提案したが、これは通らなかった。

その後しばらくは、重要な公職の選挙が続いたこともあってか、カエサルに対して特に目立った動きはない。それらの選挙において、まず監察官にはアッピウス・クラウディウス・プルケルと、ルーキウス・カルプルニウス・ピーソー(カエサルの妻の父)が選出された。クラウディウスはクローディウスの兄であり、姻戚関係でカトーやポンペイユスとつながりがあった。一方、執政官選挙では、カエサルが立てた候補は敗れ、門閥派の二人(ガーイウス・クラウディウス・マールケッルスとルーキウス・コルネーリウス・レントゥルス・クルース)が翌四九年の執政官に決まった。

また、鳥卜官の欠員補充選挙も行われ、カエサルの部下マールクス・アントーニウスが選ばれて、強硬な反カエサルのルーキウス・ドミティウス・アヘーノバルブスが落選した。後者は前五五年の執政官を狙ってカエサルを蹴落とそうとした者であり、その時は失敗したが、翌五四年の執政官に就任していた。対するにアントーニウスは前四九年に護民官になる者であるから、執政官格の人物が格下に敗北したことになる。なお、このアントーニウスは、シェイクスピアの『アントニーとクレオパトラ』のマーク・アントニーと同一人物である。前四八年にカエサルが独裁官に就任したときには騎兵長官(独裁官の補佐役)を務め、前四四年には執政官に就任するなど、このあと、カエサルの右腕として急速に出世していく。

選挙を全て制覇というわけにはいかなかったものの、次年度の執政官を二人とも獲得したことで、門閥派は有利に事を進められると踏んだであろう。しかし彼らが強硬な態度に出た場合、カエサルが素直にいうことをきくであろうか。多くの人がそれを懸念し、こうしていやがうえにも緊張が高まっていった。

何とか衝突を避けようとする試みもなされた。表だった動きとしては、前述のクーリオーが、カエサルとポンペイユスの両人が同時に命令権と軍隊を放棄することを再度提案し、元老院の圧倒的多数から賛同を得ている(一二月一日)。三七〇人が賛成し、反対はわずかに二二人だけだった。多くの人々が戦いを忌避していたことがわかる。スッラとマリウスの内戦を経験した人もまだ多く存命だったであろう。クーリオーは勝利を確信し、民衆も彼を喜び迎えたという。

にもかかわらず、執政官ガーイウス・クラウディウス・マールケッルス(前五〇年の執政官の一人。ややこしいが、前述の翌四九年の執政官とは同名の別人)は、それを握りつぶした。そして、カエサルは既にイタリアへと進軍していると主張し、次年度の執政官らを引き連れてポンペイユスのもとを訪れ、一振りの剣を渡して、国家を救うよう要請するというパフォーマンスを行う。ポンペイユスはそれを受け入れた。

それからまもない一二月一〇日、キケローはポンペイユスに会い、戦争が起きることには疑いの余地がないこと、もはや和解の希望は全くないことを聞かされる。その一〇日ほど後にアッティクスに宛てた書簡の中で彼は、事態がもはや、カエサルと戦うか、あるいは彼に執政官立候補を認めるかの選択肢しかない状態に陥っていると書き、仮に戦いになってカエサルが勝てば、キンナのように市民を殺戮し、スッラのように財産を没収するだろうとの見込みを述べている。

キケローは上述のように属州キリキア総督をつとめた後、一一月にイタリアに戻って来ていた。しかし彼は属州で多少の戦果を挙げており(彼自身も認めているように、実際には弟クィーントゥスや部下の貢献によるところが大きい)、それをもとに凱旋式を挙行したいと考えていたため、ローマには戻らず、一二月にはフォルミアエの別荘に滞在していた。

3 開戦——パルサーロスの戦いまで(前四九～四八年夏)

元老院最終決議

年が明けた。執政官職を両方ともおさえている門閥派にとって、行動を起こすときである。カエサルの方もあらかじめ、前四八年の立候補を認めた上述の民会決議の維持か、あるいはポンペイユスも同時に命令権を手放すかのどちらかを認めるよう、改めて提案する書簡を送ってあった。一月一日、その書簡は元老院で読み上げられはしたものの、執政官は提案について審議にかけることを拒絶した。そして、カエサルが所定の期日までに軍隊を放棄すべきであること、従わなければ反逆者とみなすべしというスキーピオーの提案が採決にかけられる。具体的な期日は記されていないが、カエサルが総督命令権を維持したまま執政官選挙に出ることを不可能にすることは明らかである。

例によってポンペイユスは出席していなかったものの、娘婿であるスキーピオーの提案は、ポンペイユスの意向そのものであると受け止められた。カエサル支持者が反論を試みたものの、執政官の一人コルネーリウス・レントゥルスやポンペイユス支持者の脅しで挫かれ、提案は多数をもって承認される。

前述のとおりマールクス・アントーニウスはこの年の護民官に就任していた。彼は、やはりカエサル派である護民官カッシウス(カエサル暗殺者のカッシウスとは別人)とともに、拒否権を使って上の決議を無効にしようとした。それに対し、一月七日、元老院は「元老院最終決議」を出す。これは各公職者に対し、自分の任務に精励することを求め、国家がいかなる損失も被ることがないようつとめることを促すもので、いわば非常事態宣言に相当する。護民官には身体不可侵の特権があるが、この宣言下では国益の方が優先されるため、国家のためになると判断されれば、彼を殺害することも可能である。

身に危険の迫った二人の護民官は直ちにローマを脱出し、カエサルのもとへと向かった。一方、一月八日からの数日間、ポンペイユスの出席を可能にするために市外で元老院が開催された。ポンペイユスは元老院の決断を称賛する。そして自分には既に一〇個軍団が準備できていること、それに対し、カエサルのもとにいる兵士の心はカエサルから離反し、カエサルに追随するとは思えないという情報を自分はつかんでいると伝え、元老院を励ました。さらに新たな軍団の徴募も行われた。そして執政官レントゥルスは、延び延びになっていた各属州の新たな総督の任命を開始し、ガッリアには、カエサルの仇敵ドミティウス・アヘーノバルブスが割り当てられた。

門閥派はおそらく成功に酔っていただろう。前五九年以来、いいようにやられてきた分を取り返す機会が、ついにめぐってきたのだ。もちろん、カエサルが全く無抵抗のまま、素直に軍隊と属州を引き渡すとまでは思っていなかったろう。だが、仮に軍事衝突が起こったとしても、彼らには歴戦の偉大な将軍ポンペイユスがついていた。軍備も十分である（次に見るように、その時点でカエサルの手元にいたのは、わずか一個軍団だった）。それは彼らに大きな自信を与えていたに違いない。

沈黙のルビコーン越え

カエサル自身が『内乱記』で記すところによれば、彼は当時ラウェンナで、元老院に送った上述の書簡に対する反応を待っていたという。

だが、元老院の動きを知った彼は、手元にいた兵士たち（第一三軍団）に向けて演説を行い、敵の圧政を非難し、それに虐げられんとしている自分に加勢するよう訴える——政敵は自分に数々の不当な行為をはたらいてきた。ポンペイユスも、カエサルの功績に対する嫉妬から、彼らに籠絡されてしまった。今や、前例のないことがまかり通っている。スッラは護民官の数々

図4-2　軍服姿のカエサル像(セナトリオ宮殿)

の権限を奪ったが、その彼でさえ手をつけなかった護民官の拒否権が、蔑《ないがし》ろにされたのである。元老院最終決議は、国益に反する法案の提出や、激しい暴動など、真の危機に際して発せられてきたものである。そんなことは今、何一つ起こっていないし、計画すらされていない。過去九年間、自分の指揮のもとで、諸君は戦い、国家に見事に貢献し、多くの勝利をあげ、全ガッリアを征服した。その自分の名誉と威信《ディーグニタース》を、敵の手から護ってくれ(『内乱記』一・七)。

第一三軍団は、熱狂的な支持をもってこれに応えた。カエサルは、即座に彼らを率いてアリーミヌムに向けて出発し、そこで逃げてきた護民官たちと落ち合った(同一・八)。アリーミヌムに向かう途中で、ルビコーン川を渡ったはずである。この川はカエサルの属州、すなわち彼の命令権が行使できる領域と、イタリアとの境界であった。この境界を越え、イタリアへ進軍したということは宣戦布告と同義である。もう後戻りはできない。

後世、「ルビコーンを渡る」という表現が、重大な決断、背水の陣を敷くことを意味するようになったのも、こうした事情から来ている。とりわけ伝記作家たちは、この渡河の場面をドラマチックに描いていて、たとえば有名な「骰子は投げられた」も、この局面で吐かれた言葉ということになっている(「神君ユーリウス伝」三二)。だがカエサル本人は、『内乱記』でルビコーン越えについても、この言葉についても、何一つ記していない。敵の圧政に抗するという大義はあっても、違反行為であることに変わりはない。あまり目立たせたくなかったのだろう。

なお、ラウェンナを出発したときのカエサルは第一三軍団を従えるのみだったが、その後の進軍を続ける間に、後からカエサルを追ってきた別の軍団(第八軍団、第一二軍団)が合流し、また、新規の徴募も行われたことで兵力は次第に増加する。たとえば、ブルンディシウムに進軍したとき(後述)には、新規の徴募による三軍団を加え、軍団数は六に達している。

こうして内戦が始まった。カエサル率いる軍隊は、ガッリア戦争でもしばしば見せた迅速さで、アッレーティウム、ピサウルムなど途中の複数都市を占拠しつつイタリア半島を南下し、ローマへと攻め込んでいく。予想以上に早い彼の進軍を知ったローマではパニックが起き、両執政官をはじめとして、その他の公職者たちもローマ市内から脱出した。ポンペイユスもローマを離れ、自分の命令権下にあり、アープーリアに置いてあった軍隊の元へと向かっていたし、一月にはローマ近郊に来ていたキケローも逃げた。彼らは首都を失ったのである。キケローを除き、彼らの多くはその後二度とローマに戻ることはなかった。

『内乱記』の欺瞞

開戦とその直後の経緯は大まかには以上の通りだが、カエサルが『内乱記』で伝えることが、別の資料の内容と食い違っていることが従来から指摘されている(たとえば前述のカーターの文献を参照)。とりわけ問題となるのが、キケローが同時期に記した書簡の内容との時間的前後関係の食い違いである。キケローの書簡は、アッティクスおよび秘書のティーローに宛てた複数の書簡であり、彼がローマから逃げた時のことや、その後の状況を伝えたものである。事実を歪曲する必要があるとは考えにくい。そのため、この食い違いは、カエサルの欺瞞によるものと考えられている。

具体的に見てみよう。カエサルは、アリーミヌムに着いたあと、そこに自分の縁者でもあるルーキウス・ユーリウス・カエサルが、ポンペイユスからの私信を預かってやってきたと語る。その私信でポンペイユスは自分の態度の申し開きをしつつ、カエサルに国家に対して従順な態度を示すよう求めていた。同じ頃、法務官のルーキウス・ロスキウスもやってきて、同じことを伝えた。カエサルは反感を持つが、それでも自分の考えと要求(双方が武器を置く、ポンペイユスは本来の担当属州ヒスパーニアに向かう、圧政を解除して自由な選挙を行う)を記した書簡を託して、二人をポンペイユスのもとに送り返した(『内乱記』一・八〜九)。

彼らはカプアでポンペイユスと執政官に会い、カエサルの書簡を渡した。それを読んだポンペイユスらは、アリーミヌムからの退去や軍隊の解散、カエサル自身はガッリアに戻ることを要求し、それに彼が従えばポンペイユスはヒスパーニアに行くとする返信を託して、再度ロスキウスらをカエサルのもとに送った。カエサルはそれらの要求を不当と考え、アッレーティウムなどの攻略を開始した(同一・一〇〜一一)。

しかしキケローの関連する書簡(『縁者・友人宛書簡集』一六・一二、『アッティクス宛書簡集』七・一〇、九・一〇)を総合すると、これとは逆の順序が見えてくる。キケロー自身や門閥派、そしてポンペイユスがローマからの脱出に追い込まれたのは、一月一七〜一八日であり、そしてそれはカエサルがアリーミヌムやアッレーティウム、ピサウルムなどの諸都市を占拠したことがローマに伝わったためだった。また別の書簡からは、ルーキウス・カエサルらがカエサルの要求を携えてポンペイユスたちに会ったのは、一月二三日だったこともわかる(『アッティクス宛書簡集』七・一四)。

つまりカエサルは、ポンペイユスや執政官と書簡のやりとりをする前に諸都市攻略にかかり、一月一六日頃までにその占拠を終えていた(そこから逆算して、早くも一月一〇〜一一日頃にはルビコーンを越えたと推測されている)。おそらく、元老院最終決議が行われたことを知って、即座に行動に出たのだろう。

ラウェンナを出たあと、アリーミヌムでもう一度相手側の反応を待ち、重ねて不当な要求をされたため、攻撃に出ることを強いられた――自分がどのように戦いを始めたかという重要な点について、このような大きな記憶違いをしていたとすれば、むしろ問題である。おそらく彼は、自分が実際には先手を打って行動していることを隠しておきたかったのだ。そうすることで、相手の圧政とそれに抵抗する自分を演出しようとしたのだろう。

イタリア半島の外へ

カエサルの記述に偽りはあるものの、ローマから脱出した執政官らがカエサルと交渉を試みたこと自体は事実である。キケローは一月二五日付の書簡(『アッティクス宛書簡集』七・一四)で、この交渉が実を結び、和平の可能性があるとの期待を述べている。さらにその翌日の書簡(同七・一五)では、カトーでさえも戦うよりは隷属する方を望んでいると書いている。このように、門閥派も妥協の姿勢を見せ始めていた。しかし交渉はうまく行かなかった。その間にもカエサルは、アドリア海沿岸を南下し、二月四日にはフィルムムに到達。そこから進路を少し内陸に向けて、二月一五日にはコルフィーニウムに達した。

ここを守っていたのは例のドミティウスであった。しかし彼は、およそカエサルの敵ではなかった。あっという間にコルフィーニウムは降伏する。カエサルはドミティウスらに寛大な措置を取る。ドミティウスが持参してコルフィーニウムの公庫に預けてあった軍資金も、市民が提供しようとしたのを断ってドミティウスに返してやり、コルフィーニウムから退去させた。彼自身は、二月二一日にそこを発ち、さらにアープーリアへと南下を続けた。

コルフィーニウムの陥落を知ったポンペイユスは、軍隊とともにブルンディシウム(現ブリンディシ。ローマにとって地中海への玄関口となる重要な港湾都市)へと移動した。首都ローマはカエサルに取らせ、自分たちはひとまずイタリアを離れて、東方で体制を整えて反撃しようとしたのだ。先にも述べたように、ポンペイユスは東方での経験が長く、ローマに服属する王国などにも大きな影響力を有していた。また彼は、ヒスパーニアの総督でもある。東西にまたがるこれらの全勢力と、地理的優位さをもって、カエサルを凌駕できると踏んだのである。

ポンペイユスは、ブルンディシウムから出航しようとする。門閥派の有力者たちだけでなく、多くの元老院議員たちも追随していた。しかしそこにカエサルは追いつき、彼らを包囲した(三月九日)。そのまま、しばらくの間は膠着状態が続くが、ついにポンペイユス側は包囲を振り切り、ブルンディシウムから脱出する(同一七日頃)。

カエサルの方はローマに向かい、残っていた議員たちを集めて元老院を開催した(四月一〜三日)。ここで彼は敵対者たちが自分に不当な要求をしたことに不満を述べ、自分が取った行動について説明する。そして、交渉のためポンペイユスに誰かが使者として赴くことを提案するが、議員たちの反応は鈍かった。また、ポンペイユス派の護民官からの妨害もあった。カエサルは時間を無駄にしないため、それ以上は事を推し進めず、再びローマを離れた。

こうして戦いの場は、イタリア半島の外へと広がっていくこととなった。ポンペイユスは東方に向かったが、カエサルはすぐに彼を追跡するのではなく、ヒスパーニア方面へと向かった。前述のように、ポンペイユスは、ヒスパーニアを自分の副官たちに委ねていた。ここを叩けばポンペイユスの勢力を削ぐことになり、東方とあわせて挟撃されることも避けることができる。

五月にはマッシリア（現マルセイユ）の包囲を開始し、六月にはヒスパーニアに攻め込む。決して容易な戦いではなく、特にヒスパーニアでは苦戦した。同時期に、北アフリカでも戦闘が行われていた。ここでは、護民官としてカエサルに協力したクーリオーが指揮を執っていたが、敗北して命を落としている。しかしカエサルの方は、ついに八月、イレルダの戦いで勝利をあげた。そして一〇月には、包囲攻撃に疲弊したマッシリアも降伏する。マッシリアを防衛していたのは再び例のドミティウスであったが、彼は陥落よりも前に逃亡していた。

カエサルはマッシリアで必要な処置を済ませると、ローマに向かった。彼は既に、自分が独裁官に選出されたという知らせを受けていた。前述のように執政官らはローマを離れていたので、法務官が元老院を開き、残っていた元老院議員だけでこのような措置をとったのである。何であれ、これでカエサルは合法的な立場を手に入れたことになる。独裁官として、彼は執政官選挙を実施し、自ら翌四八年の執政官に選出された。もともと彼が希望していた通りであった。同僚はプーブリウス・セルウィーリウス・イサウリクスといい、言うまでもなくカエサル支持者だった（彼の父はかつてカエサルと大神祇官職をめぐって争った。六四頁）。執政官選挙終了後、カエサルは独裁官を退任し、ブルンディシウムに向けて出発した。東方に向かうのである。

一方、ポンペイユスは計画通り東方で軍備を整えていた。カエサルがヒスパーニアなどで戦っているあいだ、ポンペイユスには十分に準備する期間があった。もともとの配下の九個軍団に加え、彼が影響力を行使できる東方の諸国が兵力を供出し、さらにスキーピオー（当時シュリア総督となっていた）が配下の二個軍団を率いて彼に加わろうとしていた。これらの大軍をギリシア西岸のデュッラキオンという要衝の地に集結させ、そこからイタリア半島へ攻勢をかけるというのが彼の作戦であった。

デュッラキオンでの攻防

前四八年一月、カエサルは七個軍団を率いてギリシアに到着した。実際にはもっと多くの兵を運びたかったが、船の数がそろわなかったのである。しかし彼は即座にイオニア海沿岸の都市を幾つか攻略し、相手側の不意を打つ。この成果をもとに、彼はポンペイユスとの和平の可能性を探ろうとした。たまたま彼のもとにいたポンペイユス派のある人物を通じて、両軍とも武器を置き、あとは元老院と民会の判断に任せようと提案する。自分自身を含め、執政官職を両方ともおさえているわけであるから、元老院で事を進めれば、有利に話を運べるという考えがあっただろう。兵力はカエサルの方が不利である。できれば真っ向からの武力衝突は避けたかったに違いない。

だが、ポンペイユスはこの申し出を断固として拒絶し、交渉は決裂に終わった。カエサルの状況は苦しくなった。ポンペイユスはデュッラキオンを確保する。さらに悪いことに、ポンペイユス配下の将軍たちがギリシア西岸の守りを固めた。これで、カエサルはイタリアからの補給を受けられなくなってしまった。一方イタリアでも、ポンペイユス側がブルンディシウムの封鎖を試みており、カエサルの後続部隊は、それにも対処しなくてはならなかった。

アントーニウスが率いる四個軍団が何とか装備を整え、敵の封鎖を突破して到着したのは、カエサルの到着から二カ月以上も後のことだった。ここでカエサルは、デュッラキオンに進み、ポンペイユスを包囲するという作戦に出る(四月)。デュッラキオンへは海上からの輸送や補給も可能であるため、完全な封じ込めとはならない。だが、敵の動きをかなり制限することは可能であるし、補給にストレスをかけることもできる。兵力で劣るカエサルとしては、一つの有効な作戦だったろう。実際、ポンペイユス側にある程度のダメージを与えることには成功した。

しかし補給の点で苦しめられていたのは、カエサルも同じ、むしろそれ以上であった。このときの攻防でよく知られたエピソードの一つであるが、カエサル側は穀物が不足し、根が食用となるある種の植物で作ったパンで飢えを凌いでいた。ポンペイユス側がカエサル軍の飢餓をからかったとき、カエサル側はそのパンを相手に投げつけた(『内乱記』三・四八)。戦い抜くという決意を示し、飢えに負けるのではないかという相手側の期待を挫こうとしたのである。またスエートーニウスやプルータルコスが伝えるところでは、ポンペイユス自身がその現物を見て、それを自軍に見せないようにしたという。こんな苦況にも耐えられる者たちが相手だと知って、味方の士気を挫かないようにするためだったという。

この包囲作戦は延々続いたが、ついに七月中旬、ポンペイユス側が包囲を破るのに成功する。この戦いの際に、カエサル軍ではかなりの死者が出た。だが幸いにも、ポンペイユスが罠を警戒して、敗走するカエサル軍をあまり深追いしなかったため、徹底的なダメージを受けることは免れた。

パルサーロスの戦い

ポンペイユス側はこの成功でうかれ、もはや勝ったも同然と考えていたと、カエサルは皮肉混じりに書いている。カエサルとしても、数カ月にわたった困難な包囲攻撃が実を結ばなかったのは相当悔しかったことだろう。彼は計画を変更せざるを得ず、まずデュッラキオンから七五キロほど南のアポッローニアへと移動した。ポンペイユスが追撃しようとしたが、振り切った。アポッローニアに着いたカエサルは、負傷者の対応、守備固めなどを行うと、直ちにマケドニア方面へと向かった。彼の軍隊の一部がその地でスキーピオーと対峙しており、そこにポンペイユスが襲いかかる可能性があったからである。

実際、ポンペイユスはマケドニアへと向かっていた。だがカエサルは、辛くもポンペイユスの到来より前に、ちょうど食糧調達のために一時的に戦線から離れていたマケドニアの部隊と合流することができた。その後カエサルはテッサリアへと歩を進め、ポンペイユスも、またスキーピオーもテッサリアを目指した。カエサルの方が数日早く到着し、パルサーロス近郊の適切な場所に陣営を築いてポンペイユスを待機した。ここを決戦の場とするつもりであった。

ポンペイユスも同じ考えであり、勝利は既に自分たちのものであると全軍を鼓舞する。もはや勝った気になっているポンペイユス側は、執政官などの公職の分担も決め始め、カエサル側についた者たちの財産のことまで口にする者がいたという。敗北者は財産を没収され、追放公告の対象になると見込んでいるのである。

カエサルの大神祇官職などは、ドミティウス、スキーピオー、またプーブリウス・コルネーリウス・レントゥルス・スピンテールという門閥派の有力者が奪い合って、毎日喧嘩を繰り広げる始末であった。レントゥルスは前五七年の執政官で、コルフィーニウム降伏の際に現地におり、助命されていた。敵の油断、醜悪さを、ここでもカエサルは皮肉を込めて伝えている

――彼らが考えていたのは、勝利をどうやって享受すべきかということで、どうすれば勝てるかではなかった、と(『内乱記』三・八三)。

八月九日、戦いが始まった。ポンペイユスは騎兵の大軍を擁しており、これでカエサル軍に側面から打撃を与える計画だった。だがカエサルはポンペイユスの計略を見破り、それらの騎兵に対応するための部隊を、あらかじめ別に編成してあった。それが効を奏し、ポンペイユスの騎兵は敗走に追い込まれる。これが大きなきっかけとなってカエサル軍が優勢となり、ポンペイユス軍は敗走を始めた。

カエサルは攻撃の手をゆるめず、夕方まで戦闘を続け、立て直す機会を相手に与えなかった。さらに夜の間に防壁を築き、ポンペイユス側が水を得られないようにした。自軍の兵士も暑さで消耗したと伝えているから、水が得られないのは非常に厳しい。ポンペイユスやその他の有力者たちは、既に脱出してしまっていた。翌朝、ポンペイユス軍の兵士たちは、なすすべくもなく降伏した。カエサルは寛大に受け入れ、彼らが略奪や暴力を受けないように守った。この敗北をきっかけに離脱した人も少なくなく、たとえばマールクス・ブルートゥスも戦地を後にしている。

敵の損害は大きかった。一万五〇〇〇人が戦死し、二万四〇〇〇人以上が降伏した。ドミティウスはついにここで戦死した。戦いはこの後も三年ほど続くが、内戦全体の流れの中では、このパルサーロスの戦いが最も重要であり、趨勢は決した。

キケローと内戦

ここで少し話は遡る。前四九年一月、カエサル進軍の報を受けてローマから逃げた後、フォルミアエの別荘などで避難生活を送りながら、キケローはひどく悩んでいた。三頭政に従順になることを決断した彼だったが、その三頭政はとうに崩壊しており、今や彼はポンペイユスと門閥派を選ぶか、カエサルを選ぶかの分かれ道に立たされていた。

ポンペイユスは自分の陣営に参加するようキケローに強く要望した。しかしキケローは、ポンペイユスがブルンディシウムから脱出したときには同行しなかった。一方、ポンペイユス脱出の一〇日ほど後(三月二八日)にカエサルはキケローと直接面会し、自身の行為を元老院で承認するよう依頼した。キケローはこれも断る。彼はできれば中立の立場を保ち、この内戦に関わらないでいたかった。だが彼のような高名な人物にとって、それは難しかった。とりわけ、カエサルに協力しないままでイタリアにとどまることはもはや困難だった。

最終的にポンペイユス側に加わることを決意し、イタリアを離れたのは前四九年六月七日である。キケローはポンペイユスと古くから交遊があり、とりわけ亡命から復帰する際にも援護してもらったという恩があった。また、第二章でも述べたように、門閥派を見捨てれば、これまで自分が掲げてきた大義と矛盾するとも考えたのである。この逡巡の間にキケローがアッティクスに送った八〇通近い書簡には、彼の悩みや迷いが赤裸々に記されている。

しかしこれほど悩んで決めたにもかかわらず、キケローは即座に後悔する。プルータルコスによれば(キケロー自身のこの時期の書簡はほとんど残っていない)、ポンペイユスの作戦や門閥派の体たらくに不満を抱いたキケローは、陣中でも常に陰気な様子であったという。病気を理由にデュッラキオンにとどまり、パルサーロスの戦いにも加わらなかった。デュッラキオンにはまだ軍隊が残っており、その場にいた人々の中でもっとも格上の、つまり執政官格の存在として、指揮を執るよう求められた彼は、それを断り、ポンペイユスの息子たちに殺されそうになった。それを救い出して逃がしてやったのはカトーだったという。こうしてキケローは一〇月にイタリアに戻る。ほぼ一年後、イタリアに戻って来たカエサルと面会し、恩赦を得ることができた。

このキケローの決断と翻意にとりわけひどく振り回されたのが、弟のクィーントゥスである。前章でも述べたように、彼はカエサルのガッリア遠征に加わっていた。当時キケローがアッティクスやクィーントゥス本人に宛てた書簡からは、クィーントゥスがカエサルに心酔している様子が伝わってくる。クィーントゥス自身は、間違いなくカエサルについて行きたかったはずである。しかし彼は、兄の決定に従わざるを得なかった。それがこの始末である。クィーントウスの不満も理解できるだろう。この後しばらくの間、兄弟の関係は非常に険悪になってしまい、クィーントゥスは兄のことをカエサルに讒言すらした。

書簡が残っているおかげで、キケロー兄弟の事情はまざまざと伝わってくるが、同様の例はおそらく他にもあっただろうし、中には実際に敵味方に分かれて戦った場合もあっただろう。内戦というものの悲劇である(もっともサイムは、どちらが勝利してもいいための保険として、同じ家の成員が敢えて別々の側に分かれた場合もあると推測している)。

4 戦いの終わり(前四八年秋～四五年)

ポンペイユスの死

パルサーロスから逃げ出したポンペイユスには、悲惨な結末が待っていた。彼はレスボス島やキュプロス島を転々としたあと、エジプトに船を進める。かつて国を追われ、ローマに亡命したプトレマイオス一二世の王権復帰をポンペイユスが支援したことがあったからである。当時は代替わりして、まだ年若い一三世(前六三年生まれ)が王位についていた。クレオパトラの弟である。この若い王を牛耳っていた側近たちが、ポンペイユスの武名を恐れたのか、あるいはカエサルの歓心を買おうとしたのか、ポンペイユスの暗殺を企てた。

暗殺の場面はプルータルコスが生々しく伝えている。暗殺者たちは、ペールーシウム（ナイル川デルタ東端の都市）近辺にたどりついたポンペイユスに、少数の供の者だけを伴って小舟に乗り移るよう促した。あまりに粗末な小舟であり、海岸には兵が配備されているのも見えたので、人々は不安を感じた。プルータルコスは、ポンペイユスも半ば覚悟して小舟に乗ったような書き方をしている。上陸間際というところで、船に残った人々――その中には、妻コルネーリアもいたという――が見ている目の前で、彼は刺殺された（前四八年九月二八日）。船の人々は、ただ逃げるしかなかった。暗殺者たちは、首だけ持ち去って遺体は放置した。その遺体は、ポンペイユスの解放奴隷らが弔った。こうしてかつての三頭政の二人目も、異国の地で非業の死を遂げることになった。

アレクサンドリア戦役

カエサル自身は、『内乱記』においてポンペイユスの死について特に感想を述べてはいない。だが彼は、ポンペイユスがエジプトに向かったのを知って、追跡のために自身も同地に向かった。なお、彼は九月に再び独裁官に就任している（彼の地位の変遷については、改めて終章で述べる）。

暗殺からわずか数日後に、彼はアレクサンドリアに上陸し、そこでポンペイユスの死を知った。ポンペイユスの首を見せられた彼は目を背け、ポンペイユスがつけていた指輪を見ると涙を流したと、プルータルコスは伝えている。私たちがうっかり忘れがちであることをゲルツァーが指摘している。カエサルがポンペイユスに会ったのは、ルーカの会談(前五六年)が最後だった。彼がポンペイユスのことをどのように思っていたにせよ、ある種の感慨を催したとしても不思議はない。

しかし感傷に浸っている暇はなかった。カエサルはエジプトの王位争いに巻き込まれ、よく知られているように、クレオパトラを支持して戦った。戦いは、翌四七年の三月末まで続いて終結した。だが、その後三カ月ほども、彼はエジプトにとどまり続けた。

豊かな穀倉地帯を持つエジプトは、ローマにとって重要な食糧の供給源である。のちにアクティウムの海戦(前三一年)でクレオパトラが敗北した後、エジプトは属州となるが、アウグストゥスは総督をおかず、自分の直属の部下に治めさせる形を取った。総督が反逆し、穀物の供給を妨害する危険を防ぐためである。こういう重要な土地であるから、その内政を安定させ、自分と親しい者を王位に就けるということには確かに意味がある。

とはいえ、カトーやスキーピオーなど、まだ抵抗を続ける敵方の残党もいるなか(彼らの多くは北アフリカに集結して再起を目指していた)、延々九カ月もエジプトに関わり、首都ローマのこともほとんど放置していたのは、人々に奇異の念を抱かせるのに十分である。彼は少し休みたい気持ちになっていたのかもしれない。クレオパトラとのロマンスも、この長期滞在もあっていっそう想像がかきたてられ、語られるのだろう。しかも彼女は、その後ローマに滞在もしている(カエサルの暗殺後、エジプトに逃げ帰る)。だが、本書では深く立ち入らないでおこう。

アフリカ戦役(前四六年)

その後カエサルは、なおも東方の諸属州、諸王国に対する措置にいくらか時間を割いた。たとえば、ローマの内戦に乗じて反乱を起こしたポントス(黒海南岸)の王パルナケース二世の討伐などである。このパルナケースは、カエサルの部下が率いるローマ軍と交戦して打ち負かすなど、それなりに強力であったが、カエサルは到着するや、あっという間に打破してしまった。名高い「来た、見た、勝った(veni, vidi, vici)」はこのときの勝利を祝った凱旋式で掲げられた言葉として、スエートーニウスらが伝えている。

イタリア半島に戻ったのは九月末、ローマに戻ったときには一〇月初旬になっていた。すぐさま彼は、アフリカ進軍の準備を始めた。しかしここで、兵士たちから思わぬ反発を受ける。カンパーニアに集結させられた彼らは、もう軍務を離れ、これまでの報酬を得たいと要求し、指揮官たちに向かって投石するなどの暴動を起こした。さらにローマに向かって行軍を始めた。ここまでの兵士たちの忍耐と貢献を考えれば、無理もないことである。

このときのカエサルの対応も伝説的である。荒れる兵士を前に進み出た彼は、「ローマ市民の皆さん《クィリーテース》」と呼びかけた。普段であれば彼は「戦友諸君《コンミーリトーネース》」と呼びかけるのが常であった。除隊したいと騒いでいたにもかかわらず、この呼びかけは彼らの反抗心を挫いた。彼らは即座に、「あなたの兵士だ」と言い返し、カエサルが拒んでみせたにもかかわらず、自ら進んでアフリカへと従ったという。カエサルと兵士の深い結びつき、また彼の兵士たちの掌握術がよくわかるエピソードである。

シキリア島のリリュバエウムから出港し、ハドルーメートゥムに上陸したのは、前四七年も押し詰まった時期だった(一二月二八日)。パルサーロスの戦いから、既に一年半近い時が過ぎていたことになる。先にも触れたように、この間、相手方はアフリカのウティカに根拠地を築き、残余の軍隊を集結させて戦いに備えていた。総指揮を執っていたのは例のスキーピオーであり、カトーも、そしてラビエーヌスもここにいた。

また、ヌミディア王ユバ一世が彼らを支援していた。前四九年にクーリオーを敗死させたのは彼である。かつてカエサルは、自分の被保護民であるヌミディアの若い貴族を、ユバの父ヒエンプサルの圧迫から守ろうとして、ユバと争いになり、それは彼のひげをつかむほどの激しいものとなった。クーリオーはクーリオーで、ヌミディアをローマの属国にすることを提案した。こういう背景があったから、ユバがポンペイユス派を支援したのは自然なことだった。

以後数カ月、カエサルは相手を戦いに誘い出そうと試み、両軍は小規模な衝突を繰り返すが、なかなか決戦には至らなかった。長期戦となると、カエサル軍にとっては物資や兵力の補給が問題となる。それが相手の狙いだった。このような状況下で、彼の助けとなったのは、一つはマウレターニア王ボックス二世の支援である。そこには、ローマからこの地に移住し、傭兵部隊を率いて王に仕えたプーブリウス・シッティウスという人物の影響があったようである。この人物については不明なことが多いが、かつてカティリーナの陰謀に関わったという疑いをかけられたこともある。

もう一つは、ガエトゥーリー人(アフリカ大陸北西部、現在のモロッコのあたりにいた民族)である。彼らは最初はスキーピオーに協力していたのだが、そこから逃亡する者が絶えなかった。その一部が、かつてガエトゥーリー人がマリウスから恩恵を受けたことがあるため、その甥にあたるカエサルを頼って来たのである。カエサルは彼らを励まし、スキーピオーに抵抗するよう促した。偶然にも、二つとも昔の話を思い出させるものであった。

とはいえ、戦いが長引けば長引くほど不利であるのには変わりない。カエサルは相手をおびき出そうと努力する。それがようやく実を結んだのは四月である。カエサルはタプソスという町に向かって進撃し、包囲攻撃を開始した。そこに救援にやってきたスキーピオー軍との間で交戦となり、ついに勝利をあげた(四月六日)。スキーピオーは船でヒスパーニアへと脱出をは

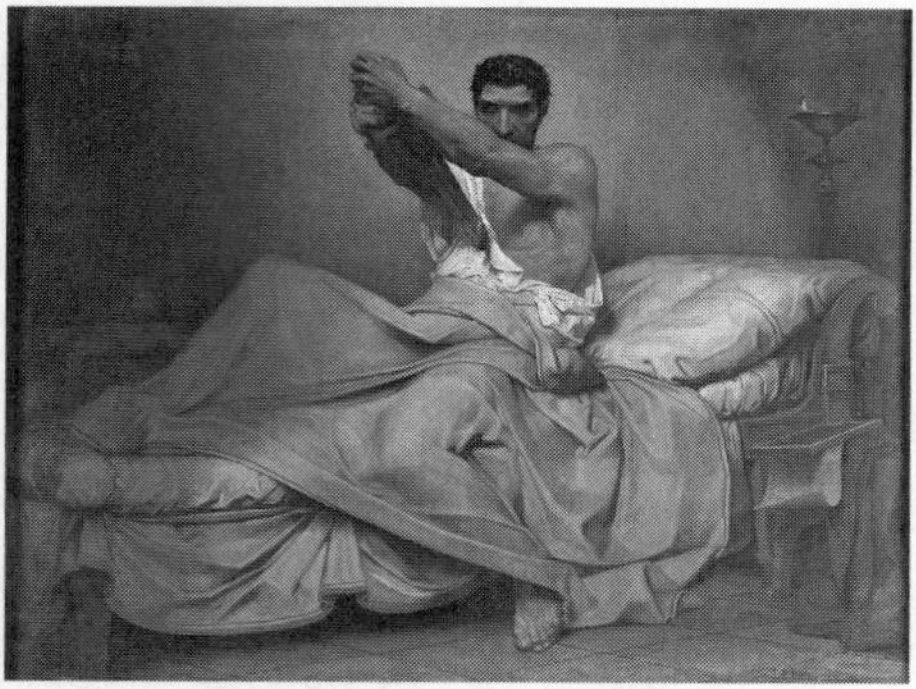

図4-3　ジャン＝ポール・ローランス《ウティカのカトーの死》(1863年．トゥールーズ，オーギュスタン美術館)

かるが、海が荒れ、アフリカ北岸に戻ってしまった。彼はここでシッティウス率いる艦隊と遭遇し、交戦したものの敗北して自殺を遂げた。

カトーはタプソスの戦いには加わらず、ウティカに残っていた。タプソスでの敗北を知った彼は、とことん抵抗しようと兵士を鼓舞する。だが、既に兵士たちの多くは士気を失っていた。カトーはそれを察知し、覚悟を決めた。普通に就寝する風を装い、一人になった寝室で自殺を遂げた。残った者たちはカエサルに全面降伏した。

パルサーロスの後でもそうだったように、カエサルは多くの場合、内戦で投降した人々に慈悲を示している。そればかりか、たとえばマールクス・ブルートゥス(彼の母セルウィーリアがカエサルの愛人だったことは有名である)などには、後に高位公職を与えすらしている。この点、マリウスやキンナ、スッラとは対照的である。このタプソスの戦いの後でも、機会があれば投降者を助命したことだろう。スキーピオーにせよ、カトーにせよ、それを拒絶したのである。彼らにも誇りがある。カエサルの慈悲を受けるなど、まっぴらだったのである。

これまでにも見てきたように、門閥派も大いに私利私欲で動く人々であり、伝統的な共和政の体制を維持しようとしたのは、それが自分たちにとって有利だったことが大きい。けれども、こうして彼らが死ぬと、彼らは共和政と自由を守って戦ったかのようにとらえられるようになった。スキーピオーもカトーも、ローマがポエニ戦争などに勝利し、地中海の覇者へと駆け上って行った頃の、古き良き時代の偉大な先人たちを思い出させる名を持つ。

とりわけカトーは讃美の対象となり、彼を称賛する作品が次々と記された(次章参照)。彼を自由の象徴/圧政への抵抗者としてとらえることは後世においても見られる。たとえばタキトゥスの『弁論家たちについての対話』は、対話者の一人が書いた悲劇『カトー』が皇帝周辺に不快を与えたことが知れわたり、友人たちが忠告に訪れるという設定で始まっている。

ヒスパーニア戦役(前四五年)

さて、カエサルはこの前四六年七月末にローマに帰還する。その後、立て続けに四つの凱旋式を挙行する。すなわち、ガッリア、エジプト、ポントス、アフリカにおける勝利を祝うものである。ウェルキンゲトリークスが引き出されたのはこのときである。凱旋式の後、彼は処刑された。

この中で注目されるのは、アフリカでの勝利を祝った凱旋式である。プルータルコスはこれを、スキーピオーに対する勝利というよりも、むしろユバ王に対する勝利を祝うものとして行われたと伝える。敵味方に分かれたとはいえ、もとは同じローマ人である。同胞市民に対する勝利をあからさまに祝えば、反感を買いかねない。

しかしアッピアーノスは『内戦記』で、もっと具体的で、興味深い証言をしている。すなわち、確かにカエサルは、スキーピオーやカトーらローマ人の名を、自分が勝利をあげた相手として記すことはしなかった。だが、彼らが敗れ、死んでいったさまは、凱旋式で展示された絵画や彫像にはっきり示されていた。それを見た市民たちは激しく嘆いたという。ただしカエサルは、ポンペイユスについては、そのような展示を避けたという。ポンペイユスの死はあまりにも強く哀惜されていたからである(パルサーロスの勝利についても凱旋式は行われていない)。こうした雰囲気は、この少し後で内戦が完全に終結し、彼がローマに本格的に帰国した後、直面することになるものである。

さて、その最後に残った戦いは、ヒスパーニアに逃亡した残党の討伐である。カエサルは再び軍隊を組織し、一一月、ヒスパーニアへと向かった。ポンペイユスの二人の息子(グナエウス・ポンペイユスとセクストゥス・ポンペイユス)や、ラビエーヌスが、ここには逃れてきていた。敵が使ったのはまたもや引き延ばし戦法であり、補給に困難のあるカエサルを消耗させるという作戦だった。このためカエサルは、冬の間、物資の不足に悩まされながら、相手の持久戦につきあうことを強いられた。決戦の機会がめぐってきたのは、翌四五年の三月一七日、ムンダにおいてである。相手は既に二度にわたり大敗を喫していたわけであるが、この戦いはカエサルにとって決して楽なものではなく、一時はカエサル側がかなり劣勢にすらなった。

プルータルコスによれば、戦いが終わった後でカエサルは、これまで自分は常に勝つために戦ってきた、生き延びるために戦ったのは初めての経験だった、と言ったという。危機に際してカエサルが兵士を激励するために発した言葉や示した態度も、複数の作家が色々な形で伝えている。たとえばプルータルコスは、彼が兵士たちに、自分をポンペイユスの息子どもに引き渡す気か、という意味のことを言ったと伝えているし、同じくアッピアーノスは、カエサルが神々に向かって、ここまで積み重ねてきた勝利が、この一点の敗北で台無しになることがないようにしてほしいと願ったと伝える。

このように色々な話が伝わっているのは、戦況の深刻さやカエサルの焦りが本物であったことを物語るものであろうか。いずれにしろ、激励が効を奏してか、カエサル側は何とか盛り返し、ついには敵を圧倒した。

この激闘で、敵方は三万人の死者を出したという。ラビエーヌスもここで戦死した。年長の方の息子グナエウス・ポンペイユスは、逃げる途中で殺された。一方、弟のセクストゥスの方は生き延びた（後に彼は、オクターウィアーヌスと対峙することとなる）。とはいえ、残党はこれでほぼ壊滅したに等しく、前四九年一月以来、四年以上にわたって続いてきた内戦は、ここで終結を見た。

「名誉の階梯」を昇り始めたときから、カエサルのここまでの人生は闘いの連続であった。前五八年以後は、多くの時を戦地で過ごした。そしてとうとう、ただ一人の勝利者として残った。彼の人生が、あと一年も残っていないとは、このとき誰が思っただろうか。だが、その話はもう少し先に延ばして、次章ではカエサルの文人としての側面を見ておくことにしよう。

第5章
文人としてのカエサル

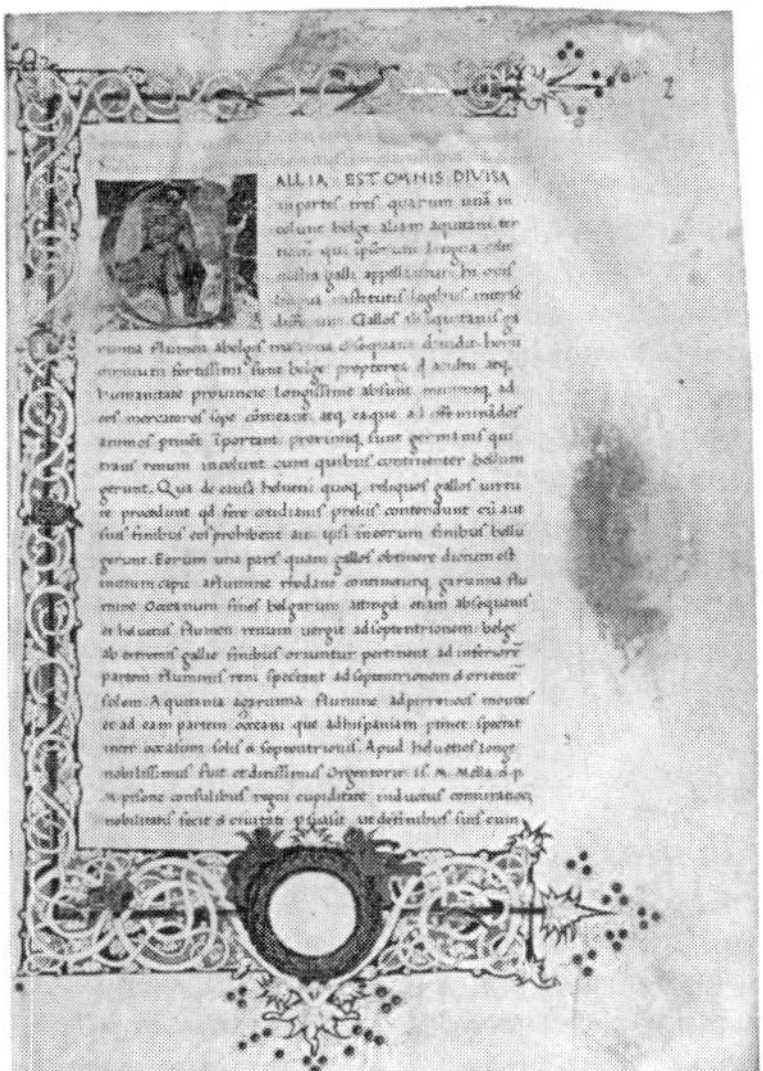

『ガリア戦記』写本(1450-1475年頃. オクスフォード大学ボドリアン図書館)

前章までは、もっぱら政治家および軍人としてのカエサルについて見てきた。しかしカエサルは文章家としても名を残しており、とりわけ属州ガッリアにおける征服活動を記録した『ガリア戦記』は名高く、ローマそのものが滅んだあとも伝承され、読み継がれてきた。

たとえば人文主義者のペトラルカ(一三〇四～一三七四)はカエサルに強い関心を持ち、『偉人伝』でもカエサルの伝記を執筆したが、その際に『ガリア戦記』を資料として大いに用いたという。また、一四八五年には最初のフランス語の翻訳が登場し、一五三〇年には一部が英語でも翻訳されるなど、翻訳という形でも広まり、浸透していった。戦争と征服というテーマ、指揮官としてのカエサルの姿、規律を守り、任務を着実にこなす軍隊といった内容は君主の心も引きつけるものであり、とりわけフランスのアンリ四世、ルイ一三世、ルイ一四世はそれぞれ自ら、『ガリア戦記』の一部を翻訳したという(以上はトーマス・J・ダンデレットという学者の研究に基づく)。また、西欧文化圏の人々にとっては、自分たちの地域の古い歴史と文化を伝えるものとしても、大きな意味を持つ作品である。

現在カエサルの著作として実質的に読むことができるのは、この『ガリア戦記』と、前四九年に始まった内戦の記録である『内乱記』に限られる。以下で取り上げるのは主としてこの二作品であるが、カエサルはこのほかにも、様々な種類の作品を書いたことが知られている。本書ではその中から、『類推論』と『カトー弾劾』について、簡単に紹介する。また、彼の弁論については、第一章でいくらか触れたので、ご参照いただきたい。

1 『ガリア戦記』

執筆意図と成立時期

この作品は全八巻で構成され、前五八年から前五〇年に至るまで、すなわちカエサルがガッリア総督を務めた期間のガッリアにおける戦争を扱っている。前述のようにカエサル自身の手によるのは第七巻(前五二年)までであり、この第七巻までは、一巻につき一年の活動が記されている。たとえば第一巻は前五八年、第二巻は前五七年の活動を扱う。各巻の長さは、その年の活動の多寡や密度に応じて様々である。たとえば第二巻と第三巻はかなり短く、この二巻分を合わせた量が第一巻の長さにほぼ等しい。そして、大反乱が起きた前五二年を扱う第七巻は最も長い。

表題通り、基本的に戦争に関係すること(地理的説明や、民族誌的記述も含む)のみが記され、その面においては実際に貴重な記録となっている。総督としてのその他の活動は、文脈上必要

図 5–1　ローマ時代の図書室. パピルスの巻物が見える

となる場合に言及される（たとえば、カエサルがどこから戦場に向かったか、なぜそこにいたのか説明するなど）程度である。各巻で主にどのような戦いが扱われているかについては、既に第三章で見た。

一方、最後の第八巻は、カエサルの部下で文才の持ち主として知られるアウルス・ヒルティウスが、カエサルの死後に書き足したものであり、これによって、カエサルのガッリア総督としての全期間がカバーされる形になっている（なお、岩波文庫の『ガリア戦記』では、この第八巻は省略されている）。この巻のみは二年分（前五一〜五〇年）の活動を扱っている。以下の説明は、カエサルが執筆した第七巻までを対象とする。

カエサルは、もともとは自分の総督時代をすべて記録するつもりだった（しかし何らかの事情で途中で終わってしまった）のか、それとも、事実上ガッリアの征服が完成した前五二年までの記述で十分として筆をおいたのか。次に説明する成立時期の問題とも関係することだが、執筆の経緯について断定できるだけの根拠はない。とはいえ、後で取り上げる『内乱記』と比べ、『ガリア戦記』の完成度が高いことは明らかであり、少なくとも第七巻までの記述は、一通り仕上げられたものと考えられる。

次に成立時期だが、キケローが『ブルートゥス』（前四六年成立。ローマの弁論家の歴史を、キケロー、ブルートゥス、アッティクスの三名による対話形式で記す）で言及しているのが、この作品についての最も早い記録である。ということは、カエサルの生前から公表され、流布もしていたことになる。つまり、完成品だったにせよ、続編の可能性を伴うものであったにせよ、公表したのにはカエサル自身の意志が働いていると考えられる。

一年につき一巻という作品の構成。カエサルが元老院に活動報告を、おそらく年ごとに行っていたこと（少なくとも『ガリア戦記』の第二巻、第四巻、第七巻には、彼がその年の活動について、「書簡」を送って報告したという記述がある）。こうしたことから、『ガリア戦記』の各巻も各年ごとに執筆されていたとする説、さらには公表も分冊の形で行われていたとする説もある。また、彼が元老院に報告として送った「書簡」こそが、この作品の元となったとする説もあり、時には断定的に主張されもする。だが、確実な証拠はない。

「覚え書き」というかたち

「私は〔カエサルの〕弁論を数多く読み、また、同じ彼〔カエサル〕が自分の事績について記したものである覚え書きも読んだ」。キケローは前述の『ブルートゥス』で、このように書いている(『ブルートゥス』二六二)。

ここで「覚え書き」と訳したのは、commentarius(コンメンターリウス。原文では複数対格形のcommentarios)という単語である。同じ単語を伴ったよく似た表現を、第八巻の著者ヒルティウスもその前書きで(「我らがカエサルの〔書いた〕ガッリアにおける事績の覚え書き」)、また、伝記作家のスエートーニウスも(「ガッリア戦争とポンペイユスとの内戦についての自分の事績の覚え書き」。「神君ユーリウス伝」五六)用いている。そのため、「覚え書き」はカエサル自身がこの作品を呼ぶのに用いた言葉ではないかと推測されている。

現在一般に用いられているこの作品のラテン語の表題 *Commentarii de bello Gallico* を直訳すると『ガッリア戦争についての覚え書き』となる。古典古代の作品の場合、何百年にもわたって写本が書き継がれていくなかで、表題にもヴァリエーションが生じ、原題を断定できないことは普通であり、上に掲げたラテン語の表題も校訂本によって多少の違いがある。なお、スエートーニウスの言葉にもあるように『内乱記』も「覚え書き」として伝わる。

同じように「覚え書き」と称される作品は、カエサルの二作品以外にも多くの例がある。カエサルの「覚え書き」とは内容的に違う方面の例をあげておくと、『ラテン語考』などの著者として知られ、カエサルやキケローの同時代人であるウァッロー(前一一六~二七)は、ポンペイユスのために、元老院での様々な手順を手引きする「覚え書き」を執筆したとされる(現存せず)。あるいは、正確にはcommentariusの指小語commentariolumが表題に使われて伝わるものではあるが、『選挙要覧』という執政官選挙の手引き書もあり、これは現存する。作者はキケローの弟クィーントゥスとされるが、異論も多い。クィーントゥスが兄のキケローに宛てた書簡という体裁を取っている。このほか、何らかの作品の注釈書をcommentariusと称する例も少なくない。

これに対し、広い意味で歴史叙述的な内容を持つと考えられる「覚え書き」についても、一定数の証言が存在する(いずれも現存しない)。たとえばキケローは、カティリーナ事件における自分の功績について、ギリシア語で「覚え書き」を書き(前六〇年)、さらにはラテン語でも書く意志を示している(前五五年)。またタキトゥスは、ネロー帝の母アグリッピーナの記した「覚え書き」を資料として用いたと述べているし、スエートーニウスはティベリウス帝が自分の生涯についての「覚え書き」を記したことを伝えている。

キケローは二つの「覚え書き」を、自分の事績を作品として書いてもらうための資料として執筆した(あるいは執筆しようとした)。というと素描のようなものを思わせるが、少なくとも実際に書いたことが明らかなギリシア語の方は、本人によれば相当に力を入れ、多彩な文飾も施して、既に一つの作品として仕上がったものだった(依頼した相手からも、それを理由に暗に執筆を断られている)。アグリッピーナやティベリウスの作品は回想録的なものだろうか。すべて現存しないため、具体的な内容や形式は不明である。

このように、「覚え書き」は多様な書物について用いられるが、ここで挙げた例からもわかるように、カエサルの『ガリア戦記』や『内乱記』と直接比較できるような作品は他に残っておらず、その意味でこの二作品は独特な存在である。

さて、キケローもヒルティウスも、それぞれ先に引いた箇所でこの「覚え書き」を絶賛しているのだが、そこに注目すべき言葉がある。まずキケローは、カエサルとしては「歴史(historia)」を執筆する人々が使うことのできる資料を用意しようとしたつもりだったのに、むしろ、まともな人たちから執筆する意欲を奪ってしまった、と言う。カエサルの書いたのは既に歴史書といってよいほどのものであり、しかも非常に優れたものである、というわけである。ヒルティウスも似たような言葉で、カエサルの作品があまりにも高く評価されたため、歴史家に執筆の機会を提供したというよりも、むしろ奪ってしまったと思われるほどである、と書いている。

注目すべき点は二つある。まず一つは、カエサルの意図が他の歴史家に資料を提供することにあったとキケローが言い、ヒルティウスの言葉もそれを思わせることである。これはカエサルの実際の言葉を反映しているのかもしれない。だが、実際の意図を反映したものではなかろう。キケローらも称賛するように、作品の仕上がりは単なる資料の域を超えていた。むしろ、キケローも「覚え書き」と言いながら入念に仕上げた作品を書いたことと似ていて、カエサルは一種のポーズとしてそんなことを言ったのではないだろうか。

もう一つ重要な点は、彼らの言葉が『ガリア戦記』を歴史叙述に近い、というより、ほとんどそう呼んでいいものと思いながら、それでも歴史叙述ではないと考えていたように読めることである。

その理由としては、当のカエサルが「歴史」として書いていなかった、あくまでも「覚え書き」と称していたから、ということがまずあるだろう。だがひょっとすると、彼らは作品の内容も念頭に置いて、この作品に歴史叙述とは何か違うものを感じ取っていたのかもしれない。それを思わせるのは、上に引いたキケローの「自分の事績について記した」という言葉である。同じ表現はスエートーニウスもまた使っている（「自分の事績の覚え書き」）。七年間にわたるガッリア戦争の歴史を扱っているようでいて、実はそこに記されているのは個人の事績なのだ、というのが彼らが言いたかったことだとすれば、興味深い。

「自分の事績」を書く

彼らがどう受けとめたにせよ、この作品は、まさに個人的な作品である。戦争の最大の当事者が、自ら見て、指揮して、勝利した戦いを、自分で記したものなのであるから。そこに彼個人の利害がまったく関係していないと見るのはむしろ難しい。つまり、たとえいかに歴史叙述のように見えようとも、扱いには注意が必要なのである。これは後述するように、『内乱記』においてはいっそう問題となる。

実際、自己讃美のような記述もある。第三章で取り上げた例で言えば、アリオウィストゥスとの戦いを控えて弱気に陥ったローマ軍をカエサルの言葉一つで立て直したエピソード(第一巻)や、ネルウィイー族の包囲攻撃を受けた冬期陣営を救援したエピソード(第五巻)など。このように、確固として頼りになる優れた将軍としてカエサルが描かれている例は、幾つも見出すことができる。

また、作戦の失敗や不調をあまり目立たせず、むしろ一定の成果が得られたことを強調することも少なくない(たとえば第四巻と第五巻のブリタンニア遠征、第七巻のゲルゴウィアの戦いなど)。まだローマ軍やローマの領土には何の被害を受けていなくても、将来的な危険をあらかじめ排除してローマの領土を守るため、あるいはローマの同盟者に危険が及ぶのを見過ごしにするのはローマの名誉に悖《もと》るといった理由で、戦いが正当化されることも多い(このような正当化の必要性については、九七頁で述べた)。

困難な戦いや物資不足に耐える兵士たちの貢献はしばしば強調され、その末に得られた勝利のすばらしさを印象づけるが、彼らに、そしてもちろんカエサル自身にも大きな富をもたらした略奪行為――それは間違いなく、戦争をする大きな理由の一つであったはずであり、さらに言えばガッリア人たちがローマに反発する理由の一つでもあったはずである――については、具体的にはほとんど語られない。

さらにカエサルは、敵の言動を通じて自分の政敵を批判さえしている。第一巻でアリオウィストゥスはこんな言葉を吐くのである。「もし自分がカエサルを殺したら、多くのノービレースやローマ人民の指導者たちにとってありがたいことをすることになるだろう――それは自分にははっきりしている。それらの人々自身から、彼らの使者を通じて明らかにされているのである。自分は、彼ら全員の感謝と友誼を、カエサルの死で購うことができるのだ」(『ガリア戦記』一・四四)。これではまるで、自分の政敵はアリオウィストゥスと通じている、すな

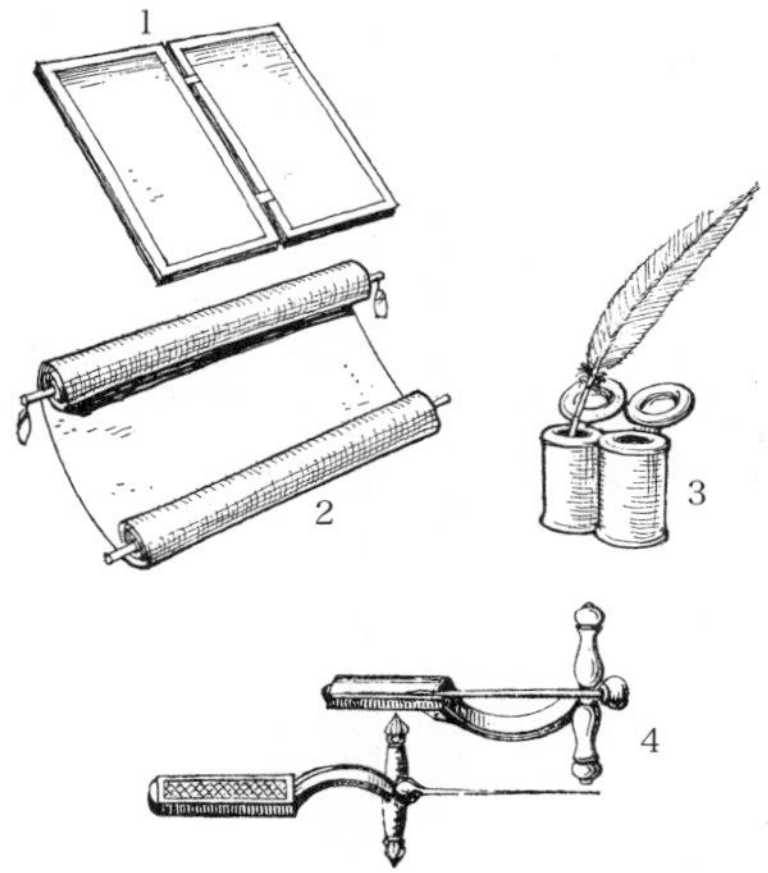

図 5-2　ローマ時代の筆記用具
1：蠟板
2：パピルスの巻物
3：インク壺と羽根ペン
4：グラピウム(尖筆). 鋭い先端を持つ筆記用具で，蠟板に文字を記すために用いる. スエートーニウスによれば，カエサルは暗殺者たちに襲われたとき，これで抵抗しようとしたという

わち彼らはローマの敵も同然だ、というかのようである。

自己の提示の仕方――三人称と間接話法

このように、自己宣伝やプロパガンダについて多くの例をあげることはできるものの、実際の文中では、それらはあまり強引に押しつけられてくるものではない。予備知識を持たずに読めばほとんど気にならなかった、という人も少なくないのではないだろうか。それは一つには、カエサルの装飾を排した簡潔な文体によるものだろう。あれほど大変だった前五二年の後でも、彼は実にあっさりとした記述で終え(一四〇頁)、勝利をごてごてと飾り立てることはしない。キケローはこの文体を「むき出しで、率直で、美しい」と称えている(『ブルートゥス』二六二)。的確な言葉で、しばしば引用もされているが、おそらくキケロー自身の理想とは外れている)。

また彼は、確かに自己讃美的なことも書くが、他の人々のこともよく褒めている。その無私の貢献ぶりが都合三度も伝えられる首位百人隊長セクスティウス、あるいはゲルゴウィアの戦いで自分の命を捨てて部下を救った百人隊長ペトローニウスの姿などは強く印象に残ることだろう。『内乱記』でも、たとえばパルサーロスの戦いを前に勇ましい突撃の意志を見せ、討ち死にするクラースティヌスの例をここに加えることができる。

さらにあと二つ、目立った特徴がある。これらはカエサルの文章の特徴として、必ず取り上げられるものであるので、ここでも触れてみたい。

まず一つは、カエサルが自身のことを記す場合、常に三人称単数(「カエサルは〜」、「彼は〜」)を用いている、ということである。これは『内乱記』においても同様である。例外として、自身を含むローマ軍全体を言う場合などに一人称複数を用いることがあるが、極めて稀である。なお、補足すると、ラテン語では動詞が人称・数に応じて活用するため、代名詞の主語(「私は」、「彼は」等)はそもそも書かれないことが多く、カエサルの場合も同じである。

もう一つは、間接話法の多用である。一般にカエサルは、誰かの言葉を引用することが少なくないが、それを間接話法で記すことが圧倒的に多い。直接話法の例はごく限られている。先のペトローニウス(『ガリア戦記』七・五〇)やクラースティヌス(『内乱記』三・九一)の言葉は直接話法で書かれており、それゆえいっそう印象的である。

北アフリカ戦線で敗死したクーリオーにも、カエサルは直接話法で、かなり長い演説を行わせている(同二・三一と三二)。クーリオーは前五〇年にカエサルのために大いに奮闘した(一六〇頁)。またクーリオーは、キケローも認める弁論の才の持ち主でもあった。この長い直接話法は、そういうクーリオーの貢献に報い、その才を惜しんでいるかのようである(ただ、この演説にカエサルを称揚する内容が含まれていることも付け加えねばなるまい)。対するにカエサル本人の言葉や演説については、直接話法は『ガリア戦記』の中では一切使われない。『内乱記』でただ一度（三・八五）、それもごく短く使われるだけである。なお、そこでは一人称複数が使われている。

誤解を与えないために付け加えておくと、直接話法は必ずしも良い場面でのみ用いられるわけではない。たとえば人肉食を提案したガッリア人の演説(『ガリア戦記』七・七七)も直接話法で書かれている。あるいは、アンビオリークスにだまされ、一冬営部隊の破滅のきっかけを作ったサビーヌスが、コッタらと争ったときの言葉(同五・三〇)にも直接話法が使われている。

ラテン語では、直接話法と間接話法では形が明瞭に異なる。英語の文法で、直接話法から間接話法への書き換えを習った読者も多いと思う。あれと似たことがラテン語でも起こる。たとえば、直接話法における一人称は間接話法では三人称になる。つまりここでもカエサルは、自分のことを三人称で提示していることになる。

仮にカエサルが、自分のことを一人称で書き、自分の言葉を直接話法で書いていたら、読む側は、彼の個人的な言動や業績を読まされていることをより明確に意識するだろう。あるいは、彼のその時々の思考や感情をより生々しく感じ、彼の内面に直接触れたようにも思うかもしれない。彼が選択した書き方は、実際には随所に込められている主観性を隠し、客観的な記述という印象を強める効果を持つものである。絶対的な主役である自分自身を、敢えて一歩引いた形で提示しているとも言える。そうして、自分よりも目立つかもしれない描写を部下たちに与える。そこには強い誇りと自信が感じられるようにも思う。

2 『内乱記』

作品の内容と構成

『内乱記』の方は、表題通り、前四九年に始まった内戦を主題としている。こちらも『ガリア戦記』の場合と同様、内戦の最後(前四五年三月)までは書かれていない。最初の二年分、前四八年までの記述で終わっている。

作品は三巻に分かれている。すなわち、『ガリア戦記』とは異なり、一巻一年という構成にはなっていない。具体的には、まず第一巻では前四九年一月の内戦の開始から、同じ年の八月のイレルダの戦いの頃までが、第二巻ではその後のマッシリア陥落と、同時期に北アフリカで行われていたクーリオーの戦いと敗死が語られる(時間的には、同じ前四九年の一〇月頃までを扱う)。最後の第三巻は、前四九年の年末にカエサルがいったんローマに戻り、執政官選挙を行って自ら選出されるところから始まる。そしてポンペイユスのいる東方へと進軍を開始し、デュッラキオンの陣地戦、パルサーロスの戦いを経て、カエサルがアレクサンドリアに上陸し、エジプト王位をめぐる争いに巻き込まれていくところで終わっている(前四八年末)。戦いの経緯については、第四章で見た。

『ガリア戦記』と共通する特徴については先に述べたので、以下では本作品について特に注目される点にしぼって見ていくことにしたい。

未完成に終わった背景

『ガリア戦記』の第七巻までが一通り仕上がった作品という印象を与え、カエサルの存命中に公表されていたこともわかっているのに対し、『内乱記』には、未完成であることを示す様々な特徴が指摘されている。

とりわけ、第三巻がアレクサンドリア戦役に入りかけのところで終わっていることは目立つ点である。もし本当に第三巻が最終巻であるなら、ポンペイユスの死で区切るのが最も適切であろう。そこで終わらせず、アレクサンドリア戦役へと話を進めたということは、その先の戦いも記す意図があったことを示唆する。このほかにも、内容上の矛盾や、作品中の別の箇所を参照させているにもかかわらず、当該の記述が見当たらないといった問題なども指摘されている。

またこの作品には、『ガリア戦記』とは違い、カエサルの存命中に公表されたことを示す証言も存在しない。こうしたことから、カエサルはこの作品を未完成のままに残し、彼の死後、誰か側近の手で世に出されたものと考えるのが一般的である。

執筆時期については推測の域を出ない。ただ、カエサルが、暗殺によって作品の完成を妨げられたと、すなわち前四四年の時点で、この作品をまだ執筆中であったと考える人は、現在では少ないと思われる。

その理由は、簡単に言うとカエサルが感じざるを得なかったであろう自己矛盾である。前章で、カエサルが共和政の伝統に反する元老院の行為(護民官の拒否権の無視、元老院最終決議の発動)を非難して、兵士たちを戦いへと促したことに触れたが、『内乱記』における彼の姿勢はこれで一貫している。すなわち、相手側こそが横暴で、共和政の伝統に反し、法も掟も無視し、自由を圧迫している――パルサーロスの決戦を前に、前述のクラースティヌスは、ここで勝てば自分たちは「自由」を(そしてカエサルは「威信《ディーグニタース》」を)取り戻すことができる、と言うのである。

だが、実際にパルサーロスの戦いに勝利した後、どうなったか。カエサルは独裁官の地位を一年(前四八年時)、一〇年(前四六年時)という異例の任期で獲得する。挙げ句の果てには前四四年一月に「終身の独裁官」になる。これだけでも、既に共和政の伝統に全く反している。そういう姿になっていくカエサルと、『内乱記』第三巻までの、共和政の擁護者としてのカエサル像には大きな隔たりがあろう。

それゆえ、カエサルは『内乱記』第三巻までを比較的早い時期、おそらく前四七年頃までに書いており、しかしその後は放棄した、推敲不足と思われる点などはそのまま残された、という推測が成り立ち、それはかなり妥当なものと考えられる。となると、彼が本来世に出す気のなかったものを他の人々が公表してしまった、ということにもなる。

同胞との戦いを書くディレンマ

ガッリア戦争の場合、必要かどうかが少々疑わしい戦いであっても、ローマやその同盟者を守るためといった大義を見出すことはいつも可能であり、戦争の正当化はしやすかった。だが、同胞市民を相手にした戦いとなると、そうはいかない。キケローは言うまでもなく、サッルスティウス、ウェルギリウス(前七〇~前一九)、ホラーティウス(前六五~前八)といった、より若い世代の同時代人で、カエサル死後の内戦までも経験した人々にせよ、また、後にこのときの内戦を叙事詩にしたルーカーヌス(後三九~六五)にせよ、ネロー帝死後に勃発した内戦を書いたタキトゥスにせよ、皆が皆、内戦というものを非常に忌まわしく悲劇的なものととらえている。

たとえばホラーティウスは、「ローマが己の力で滅ぶ」(『エポーディー』一六)と歌い、またルーカーヌスも『内乱』第一巻冒頭部で、これをローマ人が「己の臓腑」に向けて行った戦いであると形容する。こういうイメージを肯定的に転化するのは無理である。しかし少なくとも、必要な戦いであることは示さなくてはならない。なおかつ、そんなひどい戦いが始まった責任を負うことは回避しなくてはならない。

相手側も黙っていまい。また、パニックに陥った市民が、デマや噂を信じたり、自ら伝えたりすることも当然あるだろう。たとえば前章でも触れたように(一六二頁)、内戦開始直前の一二月、執政官のマールケッルスは、カエサルが既にイタリアに侵入していると主張した。同じ頃キケローは、アッティクスに宛てた書簡で、仮に戦争になれば、カエサルは虐殺や財産没収を行うだろうという見込みを述べていた。血に飢えた強欲な将軍と軍隊が襲いかかって来た、などというイメージは何としても避けなくてはならないだろう。

『内乱記』においてカエサルは、こうした問題に直面したはずである。そこで彼が取った方法は、(前述のように後には自己破綻したと思われるが)自分の側こそが共和政の守護者であり、正義であることを示し、逆に相手側を不正で、共和政の伝統に反する者たちとして描くことだった。自分は相手のせいで戦いに追い込まれたのであり、開戦の責任は相手にある、とすることだった。

具体的な例は、前章で幾つか触れている。たとえばイタリアへと進軍を開始する前に兵士に向かって行った演説や、出来事の前後関係を偽った例である。二つ目の例は、彼が自己の正当化のためには事実を歪めかねないことも示している。また、彼がしばしば投降してきた者たちを赦し、保護したことも述べたが、これは自身の慈悲深さを示し、キンナやスッラなど、大虐殺や大粛清を行った過去の内戦の勝利者たちとは違うことをアピールするものといえる。あるいは、デュッラキオンの戦いの後で、勢いづき、浅ましい態度を示す相手側の様子を皮肉な調子で描いた例にも触れた（一七七頁）。

そこでは触れなかったが、デュッラキオンの戦いの後で捕虜となったカエサル軍の兵士を、かつてはカエサルと共に戦ったラビエーヌスが全員殺害したことをカエサルは伝えている。上に述べたような彼自身の処置と、読む者は比較せざるを得ないであろう。また、スキーピオーのシュリア総督としての不正ぶりも繰り返し言及され、未遂に終わったものの、エペソスのディアーナ神殿に蓄えられている資金を強奪しようとしたことにも触れられている（カエサル自身も、ガッリアでは大いに神殿略奪を行ったはずなのだが）。

参考文献であげるグリロという研究者は、『内乱記』においてカエサルが、barbarus（野蛮な）という形容詞をもっぱらポンペイユス側に与《くみ》した異民族に使っているという興味深い指摘をしている。そして、実際にはカエサルの方も異民族の援軍を用いているのにもかかわらず、ことさらポンペイユス側にいる異民族の存在――それもトラーキア人、ダルマティア人といった、ローマ人にとって典型的に野蛮だと映る民族――が強調されること、さらにポンペイユス陣営の、戦地にあるとは思えない豪奢さ（ポンペイユスの経歴から、東方の文化が連想される）と、補給が十分でなく、食糧不足に苦しみつつも諦めないカエサル軍の兵士たちとが対照的に描かれることを指摘し、これらにはポンペイユス側を非ローマ的、異民族に近いものとして貶め、自分たちの側こそが真のローマ人の名にふさわしいことを示す意図がある、と主張する。

こうして見てきてもわかるように、『内乱記』では、作品の性質上、戦争そのものというよりも、いかに自分たちの方に正義があり、自分たちの方が正しい戦いをしているのか、ということを示すのが主眼となる。かといって、勝利したところで、アフリカ戦役の凱旋式のエピソードが示すように、率直に祝うわけにもいかない戦いである。カエサルが執筆をやめた背景には、こういうこともあったかもしれない。

内戦の続きを扱った作品群

カエサル本人のことからは離れるが、『内乱記』の続編というべき作品群について、少しだけ触れておきたい。『内乱記』が扱った時期の後には、三つの大きな戦役があった。これらのそれぞれを主題とする三つの作品、題材の時間順に『アレクサンドリア戦記』、『アフリカ戦記』、『ヒスパーニア戦記』が残っている。これらについては、既に一部を引用したが（一九六頁）、スエートーニウスの重要な証言がある。

「彼〔カエサル〕は、ガッリア戦争とポンペイユスとの内戦について、自分の事績の覚え書きを残した。それというのも、アレクサンドリア戦役、アフリカ戦役、ヒスパーニア戦役の覚え書きについては、著者が不明だからである。ある人は〔それらの著者を〕オッピウスだと考え、ある人はヒルティウスだと考えている。ヒルティウスは、ガッリア戦争の最後の未完成の巻を補った人でもある」。

この証言からは、三作品の作者がカエサルではないこと、しかしカエサル作とする伝承があったこと、そして本当の作者が既にこの時点で不明であったことがわかる。その作者については、スエートーニウスも言及しているヒルティウスが、しばしば有力な候補にあげられている。ヒルティウスは『ガリア戦記』第八巻の前書きで、自分がカエサルの「覚え書き」の「最後の未完の部分を、アレクサンドリアにおける事績から」書き継ぎ、「彼の生涯の終わり」までを書いたと表明しているからである。

しかし色々と問題がある。まず、『ヒスパーニア戦記』には、カエサルの死は扱われていない。また、文体上の特徴などから、そもそも三作品の作者は全て別人である可能性が強い。ヒルティウスが書いたと言っている記述と、現存の三作品はどのように関係するのか。あるいはまた、上に引用したヒルティウスの言葉は、ひょっとすると彼が『内乱記』の第三巻の終わりの部分の執筆にも関わったということなのか。様々な見解や推測が提示されており、非常に興味深いテーマであるが、現状では、定説と言えるまでのものはない。

3　その他の著作

『類推論』

スエートーニウスによれば、カエサルはこの作品を総督在任中に「ガッリア・キサルピーナから巡回裁判を終えて軍隊のところに戻る際、アルプス越えの最中に書いた」（「神君ユーリウス伝」五六）という。また、この作品がキケローに献じられたものであることは、キケローの『ブルートゥス』に証言がある。キケローが前五八年三月～前五七年九月には亡命生活を送っており、しかもそれには三頭政の意向が少なからず関係していたことを考えると、この時期にカエサルがキケローへの献呈作品を書いたとは考えにくい。また、キケローはローマ復帰後の前五六年にも、農地法を批判して三頭政を怒らせている。

したがって、キケローがこの前五六年の一件を経て、三頭政に従順になり、カエサルとも友好的な関係を築くようになった時期に書かれたものと考えるのが妥当だろう。第三章でも触れたように、前五四年頃には、両者は書簡もやり取りしており、また、キケローが弟を通じて自作をカエサルに見せるといった交流も行われている。『類推論』もこの頃に執筆されたものと考える人が多い。

作品の内容についてだが、テクストはほぼ失われたに等しく、詳細は不明である。しかしキケローをはじめとする他の作家の証言により、全二巻からなる、一種の言語学的著作であったことがわかっている。ラテン語では名詞の格変化、動詞の活用があるが、時に同じ一つの単語の特定の変化形に複数の語形が存在することがある。たとえば、名詞には属格（主として「〜の」を意味する）という格があるのだが、単語によっては二種類の属格の形が存在する、という意味である。『類推論』におけるカエサルの主張の一つは、単語の本来の形（たとえば名詞であれば主格形）から類推される方の形が、より純粋で正しいものであり、慣用で転訛してしまった語形は正すべき、というものであったらしい。

たとえば後代の文法学者カリシウスは、カエサルが『類推論』第二巻で、panis（パン）という単語の複数属格形をpaniumであると主張したことを伝えている。一方で、panumという形を提唱する学者もいると彼は言う。カリシウス自身の見解は、そもそもpanisは複数形で使わない単語であるというもので、事実、複数形の用例は限られており、カエサルと同時代の資料には見当たらない。しかし少なくとも、カエサルの言いたいことはわかるだろう。諸写本の伝承の詳細な研究によると、このようなカエサルの語形の選び方の傾向は、彼自身の著作にも反映されていたことが窺えるという。カエサルの言葉についての感覚を伝えるものとして興味深い。

『カトー弾劾』

前章でも少し触れたが、カエサルの政敵の一人であったカトーは、死後に讃美の対象となった。それは彼の死後すぐに始まった。キケローは、彼を礼讃する『カトー』(現存せず)という小品を記したし、その他にも、カトーの甥で後のカエサル暗殺者マールクス・ユーニウス・ブルートゥスや、キケローの友人であるマールクス・ファビウス・ガッルスが、同じようにカトーを称賛する作品を記したことがわかっている。そうした作品は、裏返せばカエサル批判として読みうるものである。

キケローは、前四六年五月頃と推測される書簡(『アッティクス宛書簡集』一二・四)において、『カトー』執筆計画について触れている。別の作品『弁論家』における言及によると、これはブルートゥスからの示唆を受けてのものであった。

その書簡の中でキケローは、『カトー』の執筆を「アルキメーデースが解くのにふさわしい難題」と述べ、「たとえ私が、カトーの(元老院で)述べた見解や、国政についての彼の意向や考えには触れずに、ただ彼の真剣で一徹なところだけを称えたいと思っても、まさにそのこと自体が、例の人々の耳には疎ましく響くことなのだ」とする。つまり、たとえ政治的なことは触れずに、カトーの高潔な人柄のみを称える形で書くにしても、それでも「例の人々」(文脈からすると、カエサルの腹心の人々)の不興を買う恐れがある、というのである。

とはいえ、彼は比較的すぐに執筆に着手したらしく、同年七月ないし八月頃と推測される書簡では、自分の『カトー』の出来映えに満足していると書いている。もっともブルートゥスの意見は違っていたようで、それで彼は自分でもカトーを称える作品を書いた。

これらに対してカエサルが記したのが『カトー弾劾』であった。もっともすぐに書いたわけではなく、翌年になってからであり、スエートーニウスによればムンダの戦い(前四五年三月)の頃に記されたという。ごくわずかの断片が残るのみで、作品の詳しい内容は知るべくもないが、弁論の形を取っていたことがわかっている。

この『カトー』と『カトー弾劾』をめぐるいきさつはなかなか興味深い。前四五年五月、キケローはアッティクスにこう伝えている——「私の称賛に対抗するカエサルの非難がどのようなものとなりそうかは、ヒルティウスが送ってきた作品から予測できた。ヒルティウスはその作品でカトーの欠点をかき集め、しかし私のことは最大限に称えている」(『アッティクス宛書簡集』一二・四〇)。「称賛」は『カトー』のことを指し、「非難」が『カトー弾劾』を指す。

つまり、ヒルティウスもカトー批判の作品を記したわけだが、その作品には、カトーに対してかなりひどい言葉が並んでいたようである。キケローは別の書簡で、そのような悪態を人々に示すことで、カトー本人がいっそう輝くよう、ヒルティウスの作品を広く流布させることをアッティクスに頼んでいる。ヒルティウスはそれほどカトーに対しては攻撃的であるのに、カトーの称賛を執筆したキケロー当人のことは称えている。素直に喜べることではない。

少し後の書簡では、カエサル本人がキケローとブルートゥスの作品それぞれに対して抱いた感想も伝えられている。カエサルの腹心バルブスが、自分宛てのカエサルの書簡をキケローに見せたのである。「私〔キケロー〕はその書簡を読んだ。私の『カトー』についてたくさん書いてあった。この作品を何度も読むことで自分〔の文章〕はより豊かになったが、一方ブルートゥスの『カトー』を読んだ後では、自分は雄弁なのだと思った、と〔カエサルは〕言っている」(『アッティクス宛書簡集』一三・四六、前四五年八月一二日)。

キケローの方もこれに応えないわけにはいかない。「最近ラーヌウィウムでバルブスが私に言うには、私が『カトー弾劾』を読んで激賞したことを、彼とオッピウスがカエサルに書簡で知らせたそうだ」(同一三・五〇、同年八月二三日)。ルーキウス・コルネーリウス・バルブスとガーイウス・オッピウスは、カエサルのいわばエージェントのような存在として名高い。たとえばキケローがかつて三頭政への協力を求められた際にも、バルブスから接触を受けている。オッピウスは、『アレクサンドリア戦記』などの著者の可能性をスエートーニウスが指摘していたのと同一人物である。バルブス宛の書簡は、そもそもキケローに見せることを意図して書かれたものなのだろう。

タキトゥスは、「〔それぞれカエサルの暗殺者である〕ブルートゥスを称賛し、ガーイウス・カッシウスを「最後のローマ人」と呼んだ」(『年代記』四・三四)ために反逆罪で訴追され、有罪となって自殺したティベリウス時代の歴史家クレムーティウス・コルドゥスの裁判を描く中で、このカエサルの作品にも触れている。クレムーティウスは自己の申し開きをする演説において、言葉の罪で人が反逆罪に問われること、とりわけ、ティベリウス帝その人を批判したわけでもないのに罪に問われることの異様さを批判し、それ以前の独裁的権力者たち、すなわちカエサルも、アウグストゥスも、そのような著作に鷹揚に対応したことを訴えるのである。

確かにキケローは、この件で実害を被ったわけではない。彼がかつて自分の弁論で招いた災難の方が、よほどひどい。しかしその頃は、相手は三人だった。そしてその頃は、彼らの政策そのものを批判したのである。だが今は、ただ一人の人間の意向を気にしなくてはならない。そしてその人物本人は鷹揚な態度を見せるものの、取り巻きたちは、何となく警告のようなものを発してくる。そう考えれば、タキトゥスがクレムーティウスの言葉を借りて嘆くような状況への道は、もう開かれてしまっている。

前述のように、カエサルはこの頃は既に『内乱記』の執筆を続けることを放棄していたと思われる。その代わりに彼が書いたのが、カトー礼讃に対する反論だったのは何とも皮肉である。かつての彼の政敵は、古き良き共和政の象徴のような存在となってしまった。彼の方は、独裁者としての方向を進むしかない。

終　章
ローマ革命への道

カエサル暗殺を記念した硬貨（大英博物館）

1 帰国と諸改革

ローマへの帰還

前四五年三月のムンダの戦いで勝利したあとも、カエサルはしばらくヒスパーニアにとどまり、植民市の建設などを行った。ローマに戻ってきたのはようやく一〇月になってからであり、同月、ヒスパーニア戦役を祝う凱旋式を行った。彼の乗る車が護民官席の前を通り過ぎるとき、護民官たちの中でただ一人、ポンティウス・アクィラは起立していなかった。カエサルはそれに気づき、「それならアクィラよ、護民官であるからには私から国家を取り戻してみろ」と叫んだと、スエートーニウスは伝えている。それでもおさまらず、その後数日間、誰かに何か約束する際には必ず、「ポンティウス・アクィラの許可があればだが」とわざわざ付け加えたという(「神君ユーリウス伝」七八)。

一人の護民官の反抗的な態度に対し、これほど不寛容で、少々ヒステリックとも思える反応を示したのは、アフリカ戦役の凱旋式の時と同じような市民の反感を感じ取っていたからかもしれない。なお、アクィラは、この半年後に起きたカエサル暗殺に加わっている。

積み上げられる権力と名誉

ところで、このときカエサルは執政官であり、かつ独裁官でもあった。第四章と第五章でも所々で触れてはいるが、内戦の開始からカエサルの地位がどのように変遷したのか、ここでまとめて振り返っておきたい。

まず前四九年、彼がまだマッシリアにいた頃、ローマでは彼を独裁官に選出していた。前四九年の執政官は二人ともポンペイユスに追随してローマを去っており、執政官選挙を執り行う資格の持ち主がローマには誰もいなかったためである（このような目的での独裁官の選出については、三七頁でも述べた）。そこでカエサルは一二月にローマに戻り、独裁官として執政官選挙を執り行い、自らその一人に選出された。

カエサルは、選挙のあと独裁官職を退任し、翌前四八年、執政官に就任する（前五九年以来二度目）。しかし同じ年のパルサーロスの戦いの後（正確な時期については諸説ある）に、彼は再び独裁官（一年任期）に選出されている。彼の任務がどのような言葉で表されていたのかについては諸説ある（「国家再建」、「国務執行」）が、このときの独裁官職にせよ、これ以後に獲得する独裁官職にせよ、いずれも国家運営の全権を握るものであった。一方、執政官職を退任したという証言もなく、補欠執政官の存在も知られていないので、この前四八年は執政官の地位も保持していたことになる。なお、最初の独裁官職については『内乱記』に言及があるが、この二度目の独裁官職については特に触れられていない。

翌前四七年は独裁官職のみで通し、前四六年にふたたび執政官(三度目)に就任する。この前四六年、カエサルがアフリカ戦役を終えて戻ってくると、元老院はふんだんな名誉を贈ったが、その中には一〇年におよぶ独裁官の地位に加え、「風紀長官」という新しい地位があった。これは文字通り風紀を取り締まるもので、本来、監察官の職務の一つであったが、それを彼はここで担ったことになる。強い権威を匂わせ、また、内戦で社会と人心が荒廃したなか、必要なものでもあったろうが、人気の出そうな職務ではない。

そして冒頭の前四五年がやって来る。この年彼は、独裁官職を保持しつつ、ふたたび執政官(四度目)にも就任した。しかも、以後一〇年間、連続して執政官に就任するということも決められた。もっとも、この前四五年の執政官職については、上述の一〇月の凱旋式のあとで退任した。彼はそこまで同僚なしという形で執政官を務めていたが、退任した後には、通常どおり二名の補欠執政官が就任した。

ところが、そのうちの一人が一二月三一日に死去した。これも有名なエピソードの一つであるが、カエサルは最後に残った一日(しかも丸一日ですらなく、その日の午後になってから)を、ガッリアで自分の副官を務めたカニーニウスという人物に与えた。これでカニーニウスも、「執政官格」の人になったわけである。

想像するに難くないが、この措置は嘲笑の対象となった。キケローはある人物に宛てた書簡で、「カニーニウスが執政官のとき、誰も昼食をとらなかったことをお伝えしたい。だが、彼の執政官のときには、何も悪いことは起こらなかった。というのも彼は、驚くべき不眠不休の警備を行って、自分の全執政官任期を通じて、一切睡眠を取らなかったのだから」(『縁者・友人宛書簡集』七・三〇)と書いている。

このカニーニウスもその一例だが、この頃カエサルは、高位公職の指名権を事実上一手に握っており、仮に選挙を行っても、形ばかりのものに過ぎない状態となっていた。たとえば彼が暗殺される直前の前四四年三月の段階で、既に前四二年の執政官まで指名済みだった。もっとも、そのうちの一人デキムス・ブルートゥスはカエサルの暗殺に加わり、結局執政官には就任せずに終わっている。

このほか、暗殺されるまでにカエサルに与えられた名誉や権利としては、「最高司令官《インペラートル》」(本来は大きな勝利をあげた将軍に対し、その都度歓呼される名誉の称号)を常に名乗ること、「国父」の尊称を得ること、あらゆる競技会で凱旋将軍の衣装と月桂冠を着用すること、彼の像がカピトーリウム神殿で歴代の王たちの像と並べて置かれること、彼の誕生月である七月を「ユーリウスの月」に改称すること、誕生日を祭日にすること、劇場で特別な高座に着席すること、等々、多様であった。いかに彼一人に、権力と名誉が集まっていたかがよくわかるし、彼がほとんど王と呼んでよい位置にいたこともわかる。スエートーニウスもこういった例を数多く紹介しているが、それらをひっくるめて「過剰な名誉」とコメントしている(「神君ユーリウス伝」七六)。

ユリウス暦の採用

ここからは、カエサルが暗殺までに行った諸改革について、幾つか紹介する。最初に取り上げるのは、それらのうちでもとりわけよく知られているものだが、前四五年一月一日からの新しい暦(いわゆるユリウス暦)の採用である。

これは彼が大神祇官の立場で行ったものである。その時までのローマの暦は太陰暦であり、三月、五月、七月、一〇月がそれぞれ三一日、二月が二八日、それ以外の月が二九日で、一年が三五五日となっていた。そこに一年おきに二二日ないし二三日の「閏月」を、二月の後に入れて調整を行ってきたのだが、この調整が必ずしも常に適切には行われなかった。そのため、前一九一年に、神祇官団に暦を司る権限が与えられ、彼らが閏月を必要に応じて挿入することが定められた(アキーリウス法)。

しかしこれは解決にならなかった。しばしば神祇官たちは自己都合や政治的理由(たとえば特定の人物の在任期間を延ばすなど)で一年の長さを変えてしまい、混乱が増すだけだったのである。結果として、カエサルの頃には、ローマの暦は、太陽暦よりもかなり先行してしまっていた。スエートーニウスやプルータルコスも、当時は幾つかの季節の儀式が、本来の季節とずれた時期に行われていたと伝えている。

カエサルは一年を三六五日と定め、新しい暦では閏月を廃止して、四年ごとに閏日を入れることを決めた。また、新しい暦による最初の日が実際の季節と適合するよう、前年(前四六年)の一一月と一二月の間に二カ月の閏月を挟んだ。この年は、既に二月のあとに閏月が入れられていたため、合計で三カ月分の閏月が挟まれたことになり、これで上述のずれが解消されることとなった。

これは重要かつ有益な措置であったに違いないが、プルータルコスによれば、必ずしも人々の受けは良くなく、カエサルの専横の一つと受け取られたという。ある人が、明日は琴座が出ると言ったのに対し、「その通り、布告に従ってね」とキケローが言ったと、プルータルコスは伝えている(「カエサル伝」五九)。

新たな支配層の構築

カエサルはまた、公職や元老院議員の増員、新たなパトリキイーの創設など、人々の社会的地位に関係する諸改革も行った。

まず、彼は財務官の定員を二〇名から四〇名へと倍増させ、同じく法務官も八名から一六名へと倍増させた。そして元老院議員の定員も、六〇〇名から九〇〇名へと増やしている。それだけでなく、公職就任を経ていない人々を新たに元老院議員に選任した。さらに、幾つかの平民家系を新たにパトリキイーとした。また、時期は遡るが、前四九年には、ガッリア・キサルピーナのポー川以北の人々に対してローマ市民権を与えている。このほかにも、個人的な知己である富裕な属州民に市民権を贈ることもあった。

カエサルが暗殺されずに生き延び、独裁官政権を保持し続けたとして、どのように政治を進めていくつもりだったのかは想像の域を出ないが、少なくとも従来からの元老院や公職者のシステムを直ちに崩壊させる気はなかったことは、こうした措置からも見て取れるだろう。

カエサルが敗北者に大いに慈悲を示したにしても、内戦で支配層に少なからぬ犠牲者が出たことは事実である。これは行政に影響を与えかねない。つまり、乱暴な言い方をすれば、たとえば法務官経験者が死ねば、近い将来の執政官候補者が減るわけであるし、法務官格属州の総督になれる候補者も減る。属州と言えば、より重要な執政官格属州があり、これにも同様の問題が生じうる。

したがって、カエサルの上のような施策は、実際に必要なものであり、有益でもあった。行政の中核となりうる層を拡充し、社会を安定させることになるからである。確かに、新たに高位公職や元老院議員の地位を獲得した顔ぶれの中には、これまでの就任者と比べて、出自や家柄の点で見劣りする人々が少なからずいたかもしれない。また、そうした人々の中に、カエサルが信用して任せることのできる人々、要するに彼の部下や、友人、支持者が多く含まれていたかもしれない。しかしそれは、当然と言えば当然である。

とはいえ、これもやはりカエサルの専横の一つとして受けとめる人々がいたことは間違いない。たとえばスエートーニウスは、カエサルが「ガッリアの半分野蛮人」(「神君ユーリウス伝」七六)のような人々を元老院に迎え入れたと言っている。また彼は、当時流行ったこんな歌も伝えている——「ガッリア人をカエサルは、凱旋式へと引きずり出し、今度は元老院へ引っぱりこむ。/ガッリア人はズボンを脱いだ、議員のトガを身につけた」(同八〇。トガを着用するローマ人にとって、ガッリア人のズボンは野蛮さの象徴だった)。

公立図書館の計画

あと一つ、これは実現を見ずに終わったものだが、カエサルの立てた有益な計画について触れておこう。それはローマで最初の、公立図書館の計画である。ラテン語とギリシア語の書物を可能な限り集め、公開するというもので、ウァッローがその世話を任された(正確な時期はわからないが、ある説では前四七年)。

このウァッローは、ポンペイユスのために「覚え書き」を書いたウァッロー(一九六頁参照)と同一人物である。作品は、『ラテン語考』の他に『農事考』しか現存していないが、多くの分野に通じ、きわめて多くの著作を残した当代随一の学者であった。キケローすらも彼には畏敬の念を抱いている。

「覚え書き」執筆が示すように、彼はもともとポンペイユス派であった。内戦開戦時、ポンペイユスの副官としてヒスパーニアにおり、カエサル軍と戦って敗北し、降伏した。ウァッローは以後は前線から身を引き、パルサーロスの戦いのときにも、キケローとともにデュッラキオンで成り行きを見守った。その後彼はカエサルの恩赦を得、カエサルは彼にこの図書館の計画を任せたのである。

残念ながらこの計画は、カエサル暗殺後の混乱の中で潰えた。後述するように、暗殺後に結成された三頭政は、数多くの富裕な市民を追放公告の対象とし、その財産を没収した。三頭政の一人マールクス・アントーニウスは、既に以前からウァッローの豊かな地所に目をつけていたものの、当時はカエサルの命令であきらめざるを得なかった。邪魔する者がいなくなった今、彼はウァッローを追放公告のリストに入れた。ウァッローはからくも逃げ延びたが、地所は奪われ、彼が集めた書物も略奪されてしまった。

だが彼はその後も、学究と著述をやめることはなかった。そして、最終的にはアントーニウスよりも長生きした。ローマにおける最初の図書館は、のちにカエサルの部下の一人で歴史家のガーイウス・アシニウス・ポッリオーが建てることになる。

2 最期の日々

カエサルの強権

前四四年一月、カエサルは五回目の執政官に就任した。この執政官職は、まもなく退任して、別の者に譲り、三月下旬にはパルティア戦争へと赴く予定であった。

この頃カエサルは、再び護民官との間に問題を起こしている。関わったのはエピディウス・マルッルスとカエセティウス・フラーウスという二人の護民官である。この話を伝えている古典作家は複数おり、少しずつ細部が違っている。そのため概要的に述べると、当時、カエサルの彫像に王冠を飾る、あるいは彼を王と歓呼するといった、カエサルを王に擬す動きがあった。この二人の護民官は、王冠を取り除き、王と歓呼した者を逮捕した(ローマ人にとって王と王政が忌むべきものであったことは四八頁で述べた)。それで彼らはカエサルの不興を買い、護民官の職権を剝奪され、元老院からも追放されたという。

カエサルが感情を害した理由は、彼が実際に王の名を欲していたのにそれを妨害されたからだとも、あるいは、王の名を自ら明瞭に拒絶する機会を奪われたからだとも言われている。いずれにせよ、彼が護民官に対して強権を振るったことは確かである。

こういう逸話を聞くと、いかにもカエサルが、独裁的な権力を握ったことで思い上がり、支配者的な性格を示すようになったと思われるかもしれない。しかし振り返れば、彼はこれまでも、自分の身内や配下にはふんだんに恩恵を与え、敗北者に対しては寛大な態度を示す一方、自分の威信を傷つけた者に対しては、しばしば手厳しくやり返してきた。たとえば海賊の討伐(四三頁)や、ルターティウス・カトゥルスに対する仕返し(六八頁)、ウェッティウスとクリウスに対する復讐(七一頁)などである。

彼はおそらくもともとこういう性格だったのである。しかし最高権力者となった今、そうしたふるまいは非難と憎悪の対象となる。実際、カエサルがこれまで、内戦開始の大義を含め、護民官をさんざん利用してきたことを考えれば、非難を浴びても仕方のない行為だったといえる。

ことのついでにあと二つ、彼の性格を考えるうえで印象的な逸話を紹介してみたい。ともにずっと昔の話である。彼が財務官として(別の説では法務官後に総督として)属州ヒスパーニアに赴いたとき、ある土地でアレクサンドロス大王の像を見た。そのとき彼は、自分が既にアレクサンドロスが世界を征服したのと同じ年齢に達しているにもかかわらず、まだ何も成し遂げていないことを大いに嘆いたという(「神君ユーリウス伝」七)。また前五九年に属州ガッリアを獲得したとき、政敵たちが妬み嘆く中で自分は熱望していたものを得たと言い、「これからは、皆の頭の上を跳ね回ってやる」(同二二)と言ったという。

この二つの逸話がもし事実だとすれば、傍目にはきわめて順調に出世を遂げ、かなり自分のやりたい放題にしていたように見えるカエサルが、内心では自分に不満があり、ひょっとすると劣等感すら抱き、政敵に妨害され続けていると感じ、何か我慢を強いられていたということになる。

そういったものを突き破り、自分の威信を守り、それを誰よりも高めたいという気持ちが、彼の原動力だったように思われる。サイムの言葉を借りれば、彼はまさに「骨の髄までパトリキイーだった」のだ。だが、繰り返しになるが、そのような精神は同等の競争相手がいる限りは好きなように発揮しても構わなかったろうが、皆の上に一人だけ君臨する立場となってしまうと、途端に嫌悪の対象となる。色々な点で形骸化していたにせよ、ローマはここまで共和政を保ってきたのだから。そのような嫌悪を引き受けることまで覚悟して彼が内戦を始めたのかどうかは疑問である。

しかし、どれほど嫌われようとも、五年も続いてきた内戦がようやく終結した今、荒廃した国と人心を立て直し、このあとどのような形で政治体制を築いていくのか、彼が主導して考えなくてはならないのだった。たとえば、これまでの事実上の統治機関であった元老院とどのような関係を築くのか。しかし結局、カエサルは特に方針を示さずに終わった。前述のように彼は三月にパルティアに遠征することを計画していたが、それは山積する困難な問題をいったん棚上げし、また、ローマから一時的に姿を消すことで、人々の憎悪を沈静化させる狙いがあったとサイムは推測している。

なお、後に帝政を樹立したアウグストゥスも、カエサルと同様の問題に直面したはずだが、彼はうまくそれを解決している。彼が「第一人者《プリーンケプス》」という強圧的でない呼称を用いたのは前述のとおりである(四八頁)。そして彼は、元老院と担当属州を分かちあった。また自分の担当分における総督命令権と、護民官職権を得るだけでよしとした(ただしその総督命令権については、後に全支配領域にまで広げられた)。

だが、元老院に与えたのは、いずれも平和で、軍備の必要も少ない属州のみだった。それに対してアウグストゥスが獲得した属州(ガッリア、ヒスパーニア、シュリアなど)はローマの要衝の地であり、したがって強力な軍隊を必要とした。つまり彼は、これらの属州の「総督」として、ローマの軍隊の統率権をほぼ単独で掌握したのである。さらに護民官職権の獲得は、民衆からの共感と、身体の神聖不可侵や拒否権という、あの伝統的な特権を彼にもたらした。最高権力者がこの特権を有していたら、誰も逆らうことなどできない。控え目なようでいて、実際には大きな権力を振るうことが可能という、実に巧妙な手段を取ったといえる。

終身の独裁官

正確な日付や経緯は不明だが、おそらく前四四年一月の終わり頃、カエサルの独裁官の地位は「終身」のものと定められた。このことは、彼に対する反感をいっそう高め、暗殺計画に拍車をかけたに違いない。

かつてスッラも、事実上無期限の独裁官職を獲得し、相当に強権を振るった(三七頁)。しかしスッラは、内戦の後処理をし、安定した体制を築いた後で自主的に独裁官の地位を返上し、政治からも引退した(しかも、まもなく死去した)。これに対してカエサルは、生きている限り独裁官であり続けることを受け入れた。ガッリアでカエサルの副官として活躍したデキムス・ブルートゥスをはじめ、カエサルの仲間からも暗殺に加わった人が出たのは、彼らにとってさえ、このような事態が行き過ぎと思われたことを示している。

そして二月一五日のルペルカーリア祭で、よく知られた出来事が起こる。ルペルカーリア祭とは、ローマに古くから伝わる一種の奇祭である。ルペルキーと呼ばれる神官団が、山羊の皮で腰を覆っただけの裸体で、山羊の革で作った鞭を持ってローマ中心部のパラティーヌス丘の周りを駆け、出会った人々、特に女性をその鞭で打つ、というものである。従来は二つのルペルキー神官団があったのだが、この少し前に、これも「過剰な名誉」の一つとして、「ユーリウス」の名を冠した新たな神官団が追加されていた。したがって、今やこの祭りは、カエサルとも強く結びつき、彼の権勢をも連想させる祭りとなっていた。

さて当日、カエサルの側近の一人で、この年のもう一人の執政官マールクス・アントーニウスが、祭りの中でカエサルに駆け寄って王冠を差し出した(プルータルコスは、これを民衆の反応をうかがうためのことだったとしている)。彼は「ユーリウス」のルペルキー神官団の一員として、祭りに参加していたのである。彼の行為にまばらな拍手が起こったが、カエサルがこれを拒否すると、万雷の拍手が起こった。アントーニウスは繰り返し王冠を差し出し、カエサルも繰り返し拒否するが、その都度、民衆の反応は同じであったという。彼らは「王」に対する拒絶を明瞭に示したのである。暗殺者たちが既に計画を進めていたとすれば、人々のこのような反応を見て、自信を深めたことだろう。

3　暗殺とその後

三月一五日

それから一カ月後の三月一五日早朝、カエサルは元老院へと向かった。そこに暗殺者のうちの一人ティッリウス・キムベルが、嘆願を装って近づく。カエサルがそれを退け、別の機会にするようにという仕草をしたところで、ティッリウスはカエサルに襲いかかって押さえつけた。それを契機に待ち伏せしていた他の暗殺者たちも襲いかかり、めった刺しにして彼を殺害した。暗殺者は多数おり(スエートーニウスによれば共謀者は六〇人以上)、傷口は二三カ所もあった。あまりにも大勢で一人に襲いかかったため、暗殺者同士で負傷するほどであったという。

カエサルが斃れたのはポンペイユスの彫像の足元だったと、プルータルコスは因縁めかして伝えている。プルータルコスはまた、暗殺者の中に贔屓にしていたマールクス・ブルートゥスの姿を見て、カエサルは着ていたトガで頭を覆ったと伝える。しかしスエートーニウスによれば、それは遺体が見苦しい様子にならないためで、身体がはだけないよう、他の部分もすっぽりトガで隠れるようにしたのだという。どちらかというと、スエートーニウスの説明の方が、カエサルらしく聞こえる。

暗殺者たちの失敗

暗殺者たちは、カエサル殺害については首尾良く成功したものの、その後の処置については完全に失敗した。おそらく彼らが夢見ていたのは、人々が駆け寄り、感謝と称賛の言葉をかけ、

図6-1　アントーニウス像(ヴァチカン美術館)

暴君を弑した英雄として祭り上げることだったろう。そのようなことは何一つ起こらなかった。殺害を見た登院中の元老院議員たちは、突然の事態に恐れをなし、咄嗟にその場を逃げ出してしまったのである。それでも暗殺者たちがすべきだったのは、当日直ちに元老院を掌握し、暗殺を正当化することだったはずである。しかし彼らはそれもしなかった。ただカピトーリウム丘に立てこもり、元老院や市民の出方を待っただけだった。その間に主導権は、執政官アントーニウスに握られてしまった。

暗殺から二日後、元老院で、暗殺者たちに殺人の罪を問わないこと、他方でカエサルのすべての職務行為を有効と認めること、という妥協的な決議が成立する。三月二〇日にはカエサルの国葬が行われるが、その際には民衆の暴動が起き、ブルートゥスやカッシウスらの家を襲撃した。プルータルコスによれば、カエサルの遺言書が読み上げられ、彼が市民全員にそれぞれ何らかの遺贈を行ったことが明らかになると、たちまち市民たちには哀悼の想いが溢れ、このような暴発に至ったという。運悪く暗殺者の一人と同名だった別人が、誤って虐殺されてしまうという事件も起こっている。

キケローは四月にアッティクスに宛てたある書簡で、「カエサルが決してしなかったこと、彼ならしなかったであろうし、許しもしなかったであろうことが、今や彼の偽の覚え書きから持ち出されている」(『アッティクス宛書簡集』一四・一三)と述べている。アントーニウスは暗殺直後にカエサルの金庫や書類をおさえており、カエサルの「覚え書き」(カエサルの他の『覚え書き』との関係も含め、詳細は不明)にあったとして、強引な主張をするようになる。また、徐々に暗殺者たちに敵対的な態度を取るようにもなる。暗殺がもたらしたのは、結局、カエサルより劣る者に権力を与えたことだけだったのである。

キケローは、カエサル暗殺を知ったとき「あけすけに喜びをあらわした」(同書簡)。彼の反応は、ここまでの経緯を考えれば理解できよう。けれども、暗殺者たちのその後の不手際(キケローはカピトーリウムに立てこもる暗殺者たちのもとに赴き、元老院を召集するよう促してもいる)、アントーニウスによる新たな強権的政治を目のあたりにし、彼が失望と危機感を抱くようになるまでに、時間はかからなかった。

オクターウィアーヌスの登場

こんな状況のなか、一方で新たな勢力が出現していた。それがオクターウィアーヌス、カエサルの妹の孫(前六三年生まれ)で、カエサルの養子となっていた若者である。彼は相続人としてカエサルの遺産について正当な権利を主張し、アントーニウスと対立を深めた。彼はカエサルの後継者という立場を自分の権勢を高めるのに大いに利用し、たとえば後に(前四二年)カエサルが神格化されると、自ら「神君の子」と

図6-2　若き日のオクターウィアーヌス像(大英博物館)

称した。

オクターウィアーヌスは早くから武力衝突を覚悟していた。私軍を徴募しただけでなく、アントーニウスが翌前四三年にガッリア総督として獲得する予定だった四個軍団のうち、二個軍団を買収して離反させた(一一月)。彼には、こうした自らの行動を正当なものとして裏付けてくれる者が必要だった。

それを提供することになったのは、キケローだった。アントーニウスは、二個軍団の離反を受けて危機感を感じ、早々にガッリア・キサルピーナに赴き、まだ任期中だった前任総督デキムス・ブルートゥス(カエサル暗殺後に赴任)をムティナに攻囲して、属州を明け渡すことを強制しようとした。ブルートゥスがそれを拒絶し、さらに任期終了後も属州を保持し続けることを

宣言すると、キケローはそれを支持する。そしてアントーニウスを国家の敵と断じ、国を護るためには、オクターウィアーヌスの軍を合法化して、彼の協力によってアントーニウスと戦い、ムティナのブルートゥスを救い出すべきだと人々に説いたのである。

結果として、これがキケローの最後の政治活動となった。彼の主張は、一連の演説『ピリッピカ』(前四四年九月~翌年四月)として残されている。共和政を守り、自由を回復することを訴えたものとして名高い。三頭政に屈服し、内戦でも忸怩たる思いを味わった彼としては、最後の晴れ舞台だった。

前四三年四月、オクターウィアーヌス(まだ財務官にすらなったことがないのに法務官格の地位を与えられていた)の軍隊と、二人の執政官が率いる軍隊は連合してアントーニウスと戦い、敗走させる。激戦となり、執政官は二人とも戦死した。その一人は、『ガリア戦記』第八巻を記したヒルティウスである。

新たな「三頭政」の出現

だが、カエサルの名を継いだ者が、カエサルの暗殺者たちと同じ側に立つという筋書きには、そもそも無理があろう。ろくに戦争を指揮したこともなく、軍人の思考回路を実地に理解していたとは思えないキケローが、戦争という賭けに出た時点で、致命的だったとも言える。アントーニウスを倒した後は用済みとされることを懸念したオクターウィアーヌスは、軍隊を率いてローマに進軍し、元老院を掌握した。両執政官の死去により、空席となっていた執政官職の一つを、武力に物言わせて強奪した。つまり、そこまでの「名誉の階梯」をすべて飛ばしたのである。どこかで聞いた話である。

一方で、マールクス・アエミリウス・レピドゥスをはじめ、もともとカエサルの部下で、当時西方の属州に総督として配備されていた人々は、当初はキケローの論調に押し流されたか、あるいは様子見をしていたものの、敗北したアントーニウスを支援し、連合するようになる。オクターウィアーヌスは彼らのもとに赴き、和解して手を結んだ。

もはや抵抗の力を失った元老院は、オクターウィアーヌスとアントーニウス、そしてレピドゥスに「国家再建三人委員」という地位を与えた。再び、三人の権力者が国家を支配することになったのである。しかしかつての三頭政があくまでも私的な同盟であり、裏から国家を牛耳っていたのに対し、今回のそれは、国が認めた公式の権力であり、それゆえ、いっそう容赦のない活動を正々堂々と行った。その一つが、追放公告である。必ずしも敵対的な勢力に属する人々だけではなくて、単にその財産を狙われて対象となった人々も多かった。前述のようにウァッローもその一人である。

そして、キケローもまた、追放公告の対象となった一人であった。死の場面はプルータルコスが伝えている。この頃は仲直りしていたのか、彼は最初、弟クィーントゥスと逃げようとした。しかし急なことだったので、とりわけクィーントゥスには十分な持ち合わせがなかった。そのため彼は兄を先に行かせ、自分は家へと引き返すことにして、二人は泣きながら抱き合って別れた。キケローの方は船でイタリアを逃れようとしたが、航海を苦手とする彼は、なかなか出航する決意がつかなかった。そうこうするうちに追っ手に見つかり、殺された（前四三年一二月七日）。クィーントゥスと彼の息子は、召使いの裏切りにあって殺された。キケローの首と手は切り落とされ、アントーニウスに届けられた。一連の演説で罵倒されたことでキケローを憎んでいた彼は、大喜びでそれを見つめ、晒しものにして侮辱したという。

ローマ革命への遠い道のり

その後、ローマはどうなったのか。みごとに闘争の蒸し返しであった。まず前四二年、ピリッピーの戦いで、アントーニウスとオクターウィアーヌスが率いる軍が、ブルートゥスおよびカッシウスの軍を破り、ブルートゥスらは自殺を遂げた。これを共和政の滅亡を象徴する戦いととらえることも多い。

ちなみに、ブルートゥスらは事前にアテーナイで徴兵を行ったのだが、偶然にも当時その地に留学中で、この徴募に応じた二人の同い年の若者がいた。互いに知り合いだったかどうかは

図6–3　『神君アウグストゥス業績録』（アウグストゥスが自らの経歴と業績を振り返り記したもの）が刻まれた碑文（アンカラ）

わからない。一人はキケローの同名の息子であり、一人はホラーティウスである。二人ともそれぞれにこの戦いを生き延び、ホラーティウスはアウグストゥスのもとで詩人として活躍した。キケローの息子は、アクティウムの戦いの翌年の前三〇年、補欠執政官の名誉を与えられている。

邪魔な抵抗勢力を打ち破ったこの戦い（オクターウィアーヌスにとっては養父の仇討ちでもある）のあと、今度はオクターウィアーヌスとアントーニウスの対立が起こる。前四一年、アントーニウス自身がパルティアへと遠征している間に、イタリアに残っていた彼の弟ルーキウス・アントーニウスが反乱を起こし、オクターウィアーヌスに鎮圧されたのである。

アントーニウスはイタリアに戻ることを余儀なくされ、オクターウィアーヌスと協議を行い、和解を成立させた（前四〇年、ブルンディシウムの協約）。オクターウィアーヌスの姉オクターウィアがアントーニウスと結婚することで同盟関係を強化するという、お定まりの手段もとられた。

黄金時代の到来と奇跡の子の誕生(それゆえに、キリストの誕生を予言したものと後に誤解されもしたが)を言祝ぐウェルギリウス『牧歌』第四歌は、この和解によって、ついにローマに訪れるであろう平和を喜び歌ったものとして知られる。いかに当時の人々が、平和を待ち望んでいたかがよくわかる例である。だが残念ながら、ウェルギリウスはもうしばらく待たなくてはならなかった。結局、誰か一人が最後の勝者と決まるまで、闘争は収まらなかったのである。

この闘争の中で、ローマは再び大いに傷を負うことになった。共和政という体制そのものも滅んだが、かつて共和政の中で栄え、既得権益を享受していた古い支配層も、カエサルの内戦に続く打撃を受け、いっそう力を失っていった。

だが今度は、新たに生まれたものがあった。古い支配層に押さえつけられていた人々、とりわけ、イタリア諸都市の、あとから市民権を獲得した人々が活躍の場を得る。それは確かにカエサルが種を蒔いたことであり、そしてリーウィウス・ドルーススやカティリーナ、またクラッススも、それぞれに動機は何であれ、関与した大きな流れである。

一方、カエサルは手を付けないままに終わったが、一人の「第一人者《プリーンケプス》」の統率のもとに、元老院や旧来の公職が機能してゆく新たな国家体制が構築され、平和で安定した社会が実現される。このような国家体制と社会の変革――ローマ革命――がオクターウィアーヌス、いやアウグストゥスによって果たされるのは、カエサルの死から二〇年ほど先のことである。

一世紀近くにわたるこの闘争の過程とその結末を、歴史家タキトゥスは冷徹な簡潔さで次のようにまとめた――「キンナの支配も、そしてスッラの支配も、長くは続かなかった。ポンペイユスとクラッススの権勢は、すぐにカエサルの前に屈し、レピドゥスとアントーニウスの武力は、アウグストゥスの前に屈した。彼は、内戦で疲弊した世界を、第一人者の名のもとに支配下へとおさめた」(『年代記』一・一)。カエサルは、ローマ共和政の最後の時代に、こうして闘い、そして去っていった一人だった。

あとがき

本書を記すにあたり、言葉は悪いが既に供給過剰の感のあるカエサルという題材について、今さら取り上げる意味がどこにあるのか、また、書くとすれば何を目指すべきなのか、率直に言って、筆者自身も大いに疑問を感じたところであった。何とか完成にまでこぎ着けたのは、岩波書店の杉田守康氏の励ましがあったことが大きい。また逸身喜一郎氏(東京大学名誉教授)と内田康太氏(東京大学大学院人文社会系研究科・西洋史学研究室助教)は、初校に目を通してくださり、有益なご指摘とご助言をしてくださった。以上の方々に対し、心より感謝申し上げる。

二〇二〇年七月

小池和子

岩波新書/最新刊から

1833 ドキュメント 強権の経済政策 ―官僚たちのアベノミクス2― 軽部謙介 著

国家主導の賃上げに消費税の引上げ、為替介入をめぐる攻防。内部亀裂の走る財務省・日銀。「官邸一強」下の政策立案の内幕に迫る。

1836 リスクの正体 ―不安の時代を生き抜くために― 神里達博 著

新型コロナ、相次ぐ自然災害、巨大地震の恐怖……。リスク社会化に伴って生起する、さまざまな「不安」とどう向きあえばよいか。

別冊12 岩波新書解説総目録 1938-2019 岩波新書編集部 編

一九三八年の創刊以来、三四〇〇点余り刊行されてきた岩波新書。八〇年の歩みをたどる初めての総目録。刊行順に配列し解説を付す。

1808 「中国」の形成 現代への展望 シリーズ 中国の歴史⑤ 岡本隆司 著

多元勢力のカオスのなかから、「中国」がその姿を現す。一七世紀から現代まで、平和と混迷の四百年を一気に描く。シリーズ完結。

1837 ジョージ・オーウェル ―「人間らしさ」への讃歌― 川端康雄 著

ポスト真実の時代に再評価が進むオーウェル。少年時代から晩年までの生涯と作品をたどり、その思想の根源と作品に込めた希望をさぐる。

1838 景観からよむ日本の歴史 金田章裕 著

写真や古地図を手がかりに、古都京都の変遷、古代の地域開発、中世の荘園支配などを景観の視点からよみとく。町歩きにも最適。

1839 イスラームからヨーロッパをみる ―社会の深層で何が起きているのか― 内藤正典 著

シリアと難民、トルコの存在など過去二〇年間の出来事を、著者四〇年のフィールドワークをもとにイスラームの視座から読み解く。

1840 コロナ後の世界を生きる ―私たちの提言― 村上陽一郎 編

今後に私たちを待ち受けているのは、いかなる世界なのか。コロナ後を生き抜くための指針を、各界の第一人者二四名が提言。

(2020.8)

岩波新書より

文学

武蔵野をよむ	赤坂憲雄
原民喜 死と愛と孤独の肖像	梯久美子
中原中也 沈黙の音楽	佐々木幹郎
戦争をよむ 70冊の小説案内	中川成美
夏目漱石と西田幾多郎	小林敏明
正岡子規 人生のことば	復本一郎
『レ・ミゼラブル』の世界	西永良成
北原白秋 言葉の魔術師	今野真二
文庫解説ワンダーランド	斎藤美奈子
俳句世がたり	小沢信男
漱石のこころ	赤木昭夫
夏目漱石	十川信介
村上春樹は、むずかしい	加藤典洋
「私」をつくる 近代小説の試み	安藤宏
現代秀歌	永田和宏
言葉と歩く日記	多和田葉子
近代秀歌	永田和宏
杜甫	川合康三
古典力	齋藤孝
食べるギリシア人	丹下和彦
和本のすすめ	中野三敏
老いの歌	小高賢
ラテンアメリカ十大小説	木村榮一
王朝文学の楽しみ	尾崎左永子
正岡子規 言葉と生きる	坪内稔典
文学フシギ帖	池内紀
ヴァレリー	清水徹
白楽天	川合康三
ぼくらの言葉塾	ねじめ正一
季語の誕生	宮坂静生
和歌とは何か	渡部泰明
小林多喜二	ノーマ・フィールド
いくさ物語の世界	日下力
漱石 母に愛されなかった子	三浦雅士
中国の五大小説 上 三国志演義・西遊記	井波律子
中国の五大小説 下 水滸伝・金瓶梅・紅楼夢	井波律子
中国名文選	興膳宏
小説の読み書き	佐藤正午
森鷗外 文化の翻訳者	長島要一
英語でよむ万葉集	リービ英雄
源氏物語の世界	日向一雅
花のある暮らし	栗田勇
読書力	齋藤孝
一億三千万人のための小説教室	高橋源一郎
ダルタニャンの生涯	佐藤賢一
花を旅する	栗田勇
一葉の四季	森まゆみ
西遊記	中野美代子
中国文章家列伝	井波律子
翻訳はいかにすべきか	柳瀬尚紀
太宰治	細谷博
隅田川の文学	久保田淳

岩波新書より

岩波新書より

中世日本の予言書	小峯和明
沖縄現代史〔新版〕	新崎盛暉
刀狩り	藤木久志
戦後史	中村政則
明治デモクラシー	坂野潤治
環境考古学への招待	松井章
源義経	五味文彦
日本人の歴史意識	阿部謹也
明治維新と西洋文明	田中彰
奈良の寺	奈良文化財研究所編
西園寺公望	岩井忠熊
日本の軍隊	吉田裕
聖徳太子	吉村武彦
東西／南北考	赤坂憲雄
江戸の見世物	川添裕
王陵の考古学	都出比呂志
日本文化の歴史	尾藤正英
日本の神々	谷川健一
南京事件	笠原十九司
日本社会の歴史 上・中・下	網野善彦
絵地図の世界像	応地利明
江戸の訴訟	高橋敏
神仏習合	義江彰夫
謎解き 洛中洛外図	黒田日出男
従軍慰安婦	吉見義明
中世に生きる女たち	脇田晴子
考古学の散歩道	田中琢 佐原真
武家と天皇	今谷明
中世倭人伝	村井章介
琉球王国	高良倉吉
昭和天皇の終戦史	吉田裕
幻の声 NHK広島8月6日	白井久夫
西郷隆盛	猪飼隆明
平泉 よみがえる中世都市	斉藤利男
象徴天皇制への道	中村政則
正倉院	東野治之
軍国美談と教科書	中内敏夫
日中アヘン戦争	江口圭一
青鞜の時代	堀場清子
子どもたちの太平洋戦争	山中恒
江戸名物評判記案内	中野三敏
国防婦人会	藤井忠俊
インパール作戦従軍記	丸山静雄
徳政令	笠松宏至
日本文化史〔第二版〕	家永三郎
自由民権	色川大吉
寺社勢力	黒田俊雄
神々の明治維新	安丸良夫
茶の文化史	村井康彦
戒厳令	大江志乃夫
漂海民	羽原又吉
真珠湾・リスボン・東京	森島守人
陰謀・暗殺・軍刀	森島守人
東京大空襲	早乙女勝元
兵役を拒否した日本人	稲垣真美
平家物語	石母田正
演歌の明治大正史	添田知道

岩波新書より

日本史

大化改新を考える	吉村武彦
江戸東京の明治維新	横山百合子
戦国大名と分国法	清水克行
東大寺のなりたち	森本公誠
武士の日本史	髙橋昌明
五日市憲法	新井勝紘
後醍醐天皇	兵藤裕己
茶と琉球人	武井弘一
近代日本一五〇年	山本義隆
語る歴史、聞く歴史	大門正克
義経伝説と為朝伝説 日本史の北と南	原田信男
出羽三山 山岳信仰の歴史を歩く	岩鼻通明
日本の歴史を旅する	五味文彦
一茶の相続争い	高橋敏
鏡が語る古代史	岡村秀典
日本の近代とは何であったか	三谷太一郎
戦国と宗教	神田千里
古代出雲を歩く	平野芳英
自由民権運動 〈デモクラシー〉の夢と挫折	松沢裕作
風土記の世界	三浦佑之
京都の歴史を歩く	小林丈広 高木博志 三枝暁子
蘇我氏の古代	吉村武彦
昭和史のかたち	保阪正康
「昭和天皇実録」を読む	原武史
生きて帰ってきた男	小熊英二
遺骨 戦没者三一〇万人の戦後史	栗原俊雄
在日朝鮮人 歴史と現在	水野直樹 文京洙
京都〈千年の都〉の歴史	高橋昌明
唐物の文化史	河添房江
小林一茶 時代を詠んだ俳諧師	青木美智男
信長の城	千田嘉博
出雲と大和	村井康彦
女帝の古代日本	吉村武彦
秀吉の朝鮮侵略と民衆	北島万次
コロニアリズムと文化財	荒井信一
特高警察	荻野富士夫
朝鮮人強制連行	外村大
古代国家はいつ成立したか	都出比呂志
渋沢栄一 社会企業家の先駆者	島田昌和
中国侵略の証言者たち	岡部牧夫 荻野富士夫 吉田裕 編
漆の文化史	四柳嘉章
平家の群像 物語から史実へ	高橋昌明
シベリア抑留	栗原俊雄
アマテラスの誕生	溝口睦子
中国残留邦人	井出孫六
証言 沖縄「集団自決」	謝花直美
遣唐使	東野治之
朝鮮通信使	仲尾宏
戦艦大和 生還者たちの証言から	栗原俊雄
金・銀・銅の日本史	村上隆

岩波新書より

変えてゆく勇気　上川あや
戦争で死ぬ、ということ　島本慈子
社会学入門　見田宗介
冠婚葬祭のひみつ　斎藤美奈子
壊れる男たち　金子雅臣
少年事件に取り組む　藤原正範
いまどきの「常識」　香山リカ
働きすぎの時代　森岡孝二
桜が創った「日本」　佐藤俊樹
生きる意味　上田紀行
ルポ 戦争協力拒否　吉田敏浩
ウォーター・ビジネス　中村靖彦
男女共同参画の時代　鹿嶋敬
当事者主権　中西正司　上野千鶴子
ルポ 解雇　島本慈子
豊かさの条件　暉峻淑子
人生案内　落合恵子
若者の法則　香山リカ
自白の心理学　浜田寿美男

原発事故はなぜくりかえすのか　高木仁三郎
日本の近代化遺産　伊東孝
証言 水俣病　栗原彬編
コンクリートが危ない　小林一輔
東京国税局査察部　立石勝規
ドキュメント 屠場　鎌田慧
能力主義と企業社会　熊沢誠
沖縄 平和の礎　大田昌秀
現代社会の理論　見田宗介
原発事故を問う　七沢潔
災害救援　野田正彰
命こそ宝 沖縄反戦の心　阿波根昌鴻
スパイの世界　中薗英助
都市開発を考える　大野輝之　レイコ・ハベ・エバンス
ディズニーランドという聖地　能登路雅子
原発はなぜ危険か　田中三彦
豊かさとは何か　暉峻淑子
農の情景　杉浦明平

光に向って咲け　粟津キヨ
異邦人は君ヶ代丸に乗って　金賛汀
読書と社会科学　内田義彦
科学文明に未来はあるか　野坂昭如編著
プルトニウムの恐怖　高木仁三郎
社会科学における人間　大塚久雄
沖縄ノート　大江健三郎
地の底の笑い話　上野英信
この世界の片隅で　山代巴編
音から隔てられて　入谷仙介　林瓢介編
ものいわぬ農民　大牟羅良
民話を生む人々　山代巴
死の灰と闘う科学者　三宅泰雄
米軍と農民　阿波根昌鴻
沖縄からの報告　瀬長亀次郎
暗い谷間の労働運動　大河内一男
ユダヤ人　J-P・サルトル　安堂信也訳
社会認識の歩み　内田義彦
社会科学の方法　大塚久雄

(2018.11)　(D3)

岩波新書より

食と農でつなぐ 福島から　塩谷弘康・岩崎由美子
過労自殺〔第二版〕　川人博
金沢を歩く　山出保
ドキュメント 豪雨災害　稲泉連
ひとり親家庭　赤石千衣子
女のからだ フェミニズム以後　荻野美穂
〈老いがい〉の時代　天野正子
子どもの貧困Ⅱ　阿部彩
性と法律　角田由紀子
ヘイト・スピーチとは何か　師岡康子
生活保護から考える　稲葉剛
かつお節と日本人　宮内泰介・藤林泰
家事労働ハラスメント　竹信三恵子
福島原発事故 県民健康管理調査の闇　日野行介
電気料金はなぜ上がるのか　朝日新聞経済部
おとなが育つ条件　柏木惠子
在日外国人〔第三版〕　田中宏
まち再生の術語集　延藤安弘

震災日録 記憶を記録する　森まゆみ
原発をつくらせない人びと　山秋真
社会人の生き方　暉峻淑子
構造災 科学技術社会に潜む危機　松本三和夫
家族という意志　芹沢俊介
ルポ 良心と義務　田中伸尚
飯舘村は負けない　千葉悦子・松野光伸
夢よりも深い覚醒へ　大澤真幸
子どもの声を社会へ　桜井智恵子
就職とは何か　森岡孝二
日本のデザイン　原研哉
ポジティヴ・アクション　辻村みよ子
脱原子力社会へ　長谷川公一
希望は絶望のど真ん中に　むのたけじ
福島 原発と人びと　広河隆一
アスベスト 広がる被害　大島秀利
原発を終わらせる　石橋克彦編
日本の食糧が危ない　中村靖彦
勲章 知られざる素顔　栗原俊雄

希望のつくり方　玄田有史
生き方の不平等　白波瀬佐和子
同性愛と異性愛　風間孝・河口和也
贅沢の条件　山田登世子
新しい労働社会　濱口桂一郎
世代間連帯　上野千鶴子・辻元清美
道路をどうするか　五十嵐敬喜・小川明雄
子どもの貧困　阿部彩
子どもへの性的虐待　森田ゆり
戦争絶滅へ、人間復活へ　むのたけじ・聞き手 黒岩比佐子
テレワーク 「未来型労働」の現実　佐藤彰男
反貧困　湯浅誠
不可能性の時代　大澤真幸
地域の力　大江正章
グアムと日本人 戦争を埋立てた楽園　山口誠
少子社会日本　山田昌弘
親米と反米　吉見俊哉
「悩み」の正体　香山リカ

社会

サイバーセキュリティ　谷脇康彦
まちづくり都市 金沢　山出保
虚偽自白を読み解く　浜田寿美男
総介護社会　小竹雅子
戦争体験と経営者　立石泰則
住まいで「老活」　安楽玲子
現代社会はどこに向かうか　見田宗介
EVと自動運転 クルマをどう変えるか　鶴原吉郎
ルポ 保育格差　小林美希
津波災害〔増補版〕　河田惠昭
棋士とAI　王銘琬
原子力規制委員会　新藤宗幸
東電原発裁判　添田孝史
日本問答　田中優子 松岡正剛
日本の無戸籍者　井戸まさえ
〈ひとり死〉時代のお葬式とお墓　小谷みどり

町を住みこなす　大月敏雄
親権と子ども　榊原富士子 池田清貴
歩く、見る、聞く 人びとの自然再生　宮内泰介
対話する社会へ　暉峻淑子
悩みいろいろ　金子勝
魚と日本人 食と職の経済学　濱田武士
ルポ 貧困女子　飯島裕子
鳥獣害 動物たちと、どう向きあうか　祖田修
科学者と戦争　池内了
新しい幸福論　橘木俊詔
ブラックバイト 学生が危ない　今野晴貴
原発プロパガンダ　本間龍
ルポ 母子避難　吉田千亜
日本にとって沖縄とは何か　新崎盛暉
日本病 長期衰退のダイナミクス　金子勝 児玉龍彦
雇用身分社会　森岡孝二
生命保険とのつき合い方　出口治明

ルポ にっぽんのごみ　杉本裕明
鈴木さんにも分かるネットの未来　川上量生
地域に希望あり　大江正章
世論調査とは何だろうか　岩本裕
フォト・ストーリー 沖縄の70年　石川文洋
ルポ 保育崩壊　小林美希
多数決を疑う 社会的選択理論とは何か　坂井豊貴
アホウドリを追った日本人　平岡昭利
朝鮮と日本に生きる　金時鐘
被災弱者　岡田広行
農山村は消滅しない　小田切徳美
復興〈災害〉　塩崎賢明
「働くこと」を問い直す　山崎憲
原発と大津波 警告を葬った人々　添田孝史
縮小都市の挑戦　矢作弘
福島原発事故 被災者支援政策の欺瞞　日野行介
日本の年金　駒村康平

岩波新書より

政治

日米安保体制史　吉次公介
官僚たちのアベノミクス　軽部謙介
在日米軍 変貌する日米安保体制　梅林宏道
憲法改正とは何だろうか　高見勝利
共生保障〈支え合い〉の戦略　宮本太郎
シルバー・デモクラシー 戦後世代の覚悟と責任　寺島実郎
憲法と政治　青井未帆
18歳からの民主主義　岩波新書編集部編
検証 安倍イズム　柿崎明二
右傾化する日本政治　中野晃一
外交ドキュメント 歴史認識　服部龍二
日米〈核〉同盟 原爆、核の傘、フクシマ　太田昌克
集団的自衛権と安全保障　豊下楢彦・古関彰一
日本は戦争をするのか　半田滋
アジア力の世紀　進藤榮一

民族紛争　月村太郎
自治体のエネルギー戦略　大野輝之
政治的思考　杉田敦
現代日本の政党デモクラシー　中北浩爾
サイバー時代の戦争　谷口長世
現代中国の政治　唐亮
日本の国会　大山礼子
戦後政治史〔第三版〕　石川真澄・山口二郎
〈私〉時代のデモクラシー　宇野重規
大臣〔増補版〕　菅直人
生活保障 排除しない社会へ　宮本太郎
「ふるさと」の発想　西川一誠
「戦地」派遣 変わる自衛隊　半田滋
民族とネイション　塩川伸明
昭和天皇　原武史
集団的自衛権とは何か　豊下楢彦
沖縄密約　西山太吉
ルポ 改憲潮流　斎藤貴男

吉田茂　原彬久
安心のファシズム　斎藤貴男
市民の政治学　篠原一
東京都政　佐々木信夫
有事法制批判　憲法再生フォーラム編
日本政治 再生の条件　山口二郎編著
安保条約の成立　豊下楢彦
岸信介　原彬久
自由主義の再検討　藤原保信
一九六〇年五月一九日　日高六郎編
日本の政治風土　篠原一
近代の政治思想　福田歓一
日本精神と平和国家　矢内原忠雄

岩波新書新赤版一〇〇〇点に際して

ひとつの時代が終わったと言われて久しい。だが、その先にいかなる時代を展望するのか、私たちはその輪郭すら描きえていない。二〇世紀から持ち越した課題の多くは、未だ解決の緒を見つけることのできないままであり、二一世紀が新たに招きよせた問題も少なくない。グローバル資本主義の浸透、憎悪の連鎖、暴力の応酬——世界は混沌として深い不安の只中にある。

現代社会においては変化が常態となり、速さと新しさに絶対的な価値が与えられた。消費社会の深化と情報技術の革命は、種々の境界を無くし、人々の生活やコミュニケーションの様式を根底から変容させてきた。ライフスタイルは多様化し、一面では個人の生き方をそれぞれが選びとる時代が始まっている。同時に、新たな格差が生まれ、様々な次元での亀裂や分断が深まっている。社会や歴史に対する意識が揺らぎ、普遍的な理念に対する根本的な懐疑や、現実を変えることへの無力感がひそかに根を張りつつある。そして生きることに誰もが困難を覚える時代が到来している。

しかし、日常生活のそれぞれの場で、自由と民主主義を獲得し実践することを通じて、私たち自身がそうした閉塞を乗り超え、希望の時代の幕開けを告げてゆくことは不可能ではあるまい。そのために、いま求められていること——それは、個と個の間で開かれた対話を積み重ねながら、人間らしく生きることの条件について一人ひとりが粘り強く思考することではないか。その営みの糧となるものが、教養に外ならないと私たちは考える。歴史とは何か、よく生きるとはいかなることか、世界そして人間はどこへ向かうべきなのか——こうした根源的な問いとの格闘が、文化と知の厚みを作り出し、個人と社会を支える基盤としての教養となった。まさにそのような教養への道案内こそ、岩波新書が創刊以来、追求してきたことである。

岩波新書は、日中戦争下の一九三八年一一月に赤版として創刊された。創刊の辞は、道義の精神に則らない日本の行動を憂慮し、批判的精神と良心的行動の欠如を戒めつつ、現代人の現代的教養を刊行の目的とする、と謳っている。以後、青版、黄版、新赤版と装いを改めながら、合計二五〇〇点余りを世に問うてきた。そして、いままた新赤版が一〇〇〇点を迎えたのを機に、人間の理性と良心への信頼を再確認し、それに裏打ちされた文化を培っていく決意を込めて、新しい装丁のもとに再出発したいと思う。一冊一冊から吹き出す新風が一人でも多くの読者の許に届くこと、そして希望ある時代への想像力を豊かにかき立てることを切に願う。

（二〇〇六年四月）

小池和子

1967年生まれ．東京大学大学院人文社会系研究科博士課程満期退学．専門は西洋古典学(ラテン文学)．
現在一慶應義塾大学言語文化研究所教授
著書一『アッティクス宛書簡集Ⅰ』(キケロー選集第13巻，共訳，岩波書店)
『弟クイントゥス宛書簡集』『ブルートゥス宛書簡集』(キケロー選集第16巻，岩波書店)
リウィウス『ローマ建国以来の歴史』第9巻(共訳，京都大学学術出版会)
ロナルド・サイム『ローマ革命』上・下(共訳，岩波書店) など

カエサル――内戦の時代を駆けぬけた政治家
岩波新書(新赤版)1841

2020年8月20日　第1刷発行

著　者　小池和子《こいけわこ》

発行者　岡本　厚

発行所　株式会社　岩波書店
〒101-8002 東京都千代田区一ツ橋2-5-5
案内 03-5210-4000　営業部 03-5210-4111
https://www.iwanami.co.jp/

新書編集部 03-5210-4054
https://www.iwanami.co.jp/sin/

印刷・三秀舎　カバー・半七印刷　製本・牧製本

ISBN 978-4-00-431841-5　　Printed in Japan

人名索引

- 古典古代の人物名のみを対象とし，近世以後の人物名は対象としない．また，「〜家」や「〜氏族」，部族名なども対象としない．
- ローマ人の男性の場合，第１章で説明するように３つ以上の名前を有することが多い．学術書では氏族名を見出し語とするのが一般的であるが，本書では，その人物について本文中で最も多く用いた呼称を見出し語とする(一度しか言及されなかった人物は，氏族名を見出し語とする)．例：「ユーリウス」ではなく，「カエサル」を見出し語とする．例外：「クィーントゥス」(キケローの弟)は「キケロー」を参照．
- 当該人物の名が項目のタイトルに入っている箇所や，単に別の人物の説明のために用いられている箇所(例：キケローの弟クィーントゥス)も採り入れた．
- スエートーニウス「神君ユーリウス伝」とプルータルコス「カエサル伝」については，それぞれの作家名を伴わずに本文中に引用されている箇所も採り入れた．
- 当該人物の名を冠した事象(「マリウス派」「ミトリダーテース戦争」「ガビーニウス法」など)については，その人物個人が本文中で扱われている場合は採り入れた(その場合，人物個人に関する言及箇所と区別しない)が，それ以外(例：「スパルタクスの乱」「プローティウス法」)については省略する．
- 古典作品からの引用中に含まれる人名で，本書の内容と関係の薄いものは省略する．また作品タイトルに含まれている人名はすべて省略する．
- 各人物についての説明は基本的に行わない．区別が紛らわしい場合のみ，ごく簡単な説明を付す．

ア　行

カ 行

サ　行

タ　行

ナ　行

ハ　行

マ　行

ヤ　行

ラ　行

略 年 表

カエサルに関する出来事は太字で記し，本書で触れたそれ以外の重要な出来事については通常の字体で記す．年代はすべて紀元前．

133	ティベリウス・センプローニウス・グラックスの改革．
123	ガーイウス・センプローニウス・グラックスの改革．
107	ガーイウス・マリウスが初めて執政官に就任．
106	ユグルタ戦争(112〜)の終結．
104	ガーイウス・マリウスが2度目の執政官に就任(以後100年まで連続して)．
100	**カエサル誕生(7月13日)．**
91	マールクス・リーウィウス・ドルーススの暗殺，同盟市戦争の勃発．
88	同盟市戦争の終結．スッラのローマ進軍．
87	マリウスとキンナの反乱．
86	マリウス死去(1月)．
85/4	**父ガーイウス・ユーリウス・カエサル死去．**
84/3	**コルネーリアと結婚．**
84	キンナが殺害される．
82	スッラの2度目のローマ進軍．
81/80	**総督ミヌキウス・テルムスの随行員として属州アシアに赴く．**
80	**ミュティレーネーの戦役で市民冠を受ける．**
78	スッラ死去．
77	**ドラーベッラ訴追に失敗．**
75	**ロドス島に向かう途中で海賊に捕らわれる(解放後，討伐)．1年ほどロドス島で過ごし，神祇官に選出されたことを受け，ローマに帰国．**
73	**軍団副官に選出される．**スパルタクスの乱(〜71)．

70	ポンペイユスとクラッススが執政官に就任.
69	財務官として属州ヒスパーニアに赴任. おばユーリアと妻コルネーリアが死去, 追悼演説を行う.
65	高等造営官に就任. マリウスの戦勝記念碑を再建.
63	大神祇官に当選. カティリーナの陰謀(元老院で, 陰謀者たちに対する寛大な処置を提案).
62	法務官に就任. ボナ・デア事件を受け, ポンペイアと離婚.
61	属州ヒスパーニア・ウルテリオルに総督として赴任.
60?	ポンペイユス, クラッススとの間に同盟を結成.
59	執政官に就任. 農地法を成立させる. 属州ガッリアにおける5年にわたる総督命令権を獲得. カルプルニアと結婚.
58	総督として属州ガッリアに赴任. ヘルウェーティイー族の討伐, アリオウィストゥスの討伐. キケローが亡命.
57	ベルガエの諸部族との戦い. キケローが亡命から帰国.
56	ラウェンナの会談, ルーカの会談(カエサルの総督命令権が5年延長される). ウェネティー族との戦い.
55	ゲルマーニア遠征, ブリタンニア遠征. ポンペイユスとクラッススが執政官に就任(ともに2度目).
54	2度目のブリタンニア遠征. エブローネース族, ネルウィイー族などの反乱. 母アウレーリアと娘ユーリアが死去.
53	トレーウェリー族, エブローネース族の討伐. クラッススがパルティア遠征で戦死.
52	ガッリア全土の大反乱. ウェルキンゲトリークス率いるガッリア連合軍との戦い. クローディウスが殺害される. ポンペイユスが単独の執政官(3度目)に就任(〜7月).
51	ベッロウァキー族などを討伐し, ガッリア征服を完成.
51〜50	元老院でカエサルの任期をめぐる論争が活発化.

49	ルビコーン川を渡り，内戦が勃発(1月)．イレルダの戦いでポンペイユス軍を破る(8月)．初めて独裁官に選出される(12月にローマで執政官選挙を行った後，退任)．
48	ギリシアに渡る(1月)．デュッラキオンの包囲戦を開始するも失敗(4～7月)．パルサーロスの戦いでポンペイユス軍を破る(8月)．ポンペイユスがエジプトで暗殺される．アレクサンドリアに上陸，エジプトの王権争いに巻き込まれる．アレクサンドリア戦役の開始．
47	アレクサンドリア戦役の終結(3月)．ローマに帰国(10月)．北アフリカに上陸(12月末)，アフリカ戦役の開始．
46	タプソスの戦いで勝利(4月)．スキーピオー，カトーの死．ローマに帰国(7月末)．ガッリアやアフリカなどでの勝利を祝い，4つの凱旋式を挙行．ウェルキンゲトリークスの処刑．
45	ヒスパーニア戦役．ムンダの戦い(3月)でポンペイユス派の残党を破る(内戦の終結)．ラビエーヌスの死．ローマに帰国，ヒスパーニア戦役の凱旋式を挙行(10月)．この年の1月からユリウス暦を採用．
44	終身の独裁官となる(1月末？)．暗殺される(3月15日)．
43	キケローが追放公告の対象となり，殺害される．
42	神格化される．ピリッピーの戦い．ブルートゥス，カッシウスの死．
31	アクティウムの海戦でアントーニウスが敗北．
27	オクターウィアーヌスが「アウグストゥス」の尊称を得る．元老院との間で担当属州を分割，自身の担当属州における総督命令権を獲得．
23	アウグストゥスが全支配領域に及ぶ総督命令権と，護民官職権を獲得．

主要参考文献

【1】本書におけるカエサル像や当時のローマ社会のとらえ方は，とりわけロナルド・サイム『ローマ革命』(逸身喜一郎・小池和子・上野愼也・小林薫・兼利琢也・小池登訳『ローマ革命——共和政の崩壊とアウグストゥスの新体制』上・下，岩波書店，2013年)の影響を大きく受けている．また，公職や法制度の説明については，マティアス・ゲルツァーによるカエサルの伝記(長谷川博隆訳『ローマ政治家伝I カエサル』名古屋大学出版会，2013年)およびエルンスト・マイヤーの文献(鈴木一州訳『ローマ人の国家と国家思想』岩波書店，1978年)に頼るところが大きかった．カエサル(およびその家族)の伝記的な情報全般については，上記のゲルツァーの他に，*Paulys Realencyclopädie der classischen Altertumswissenschaft*, Stuttgart & München, 1893–1980 の各人の項(カエサル本人の項は Band X, 1, 186–275)に主に依拠した．

【2】カエサルの著作，キケローの2つの書簡集(本書で言及した書簡はいずれもこれらに含まれる)，およびカエサルの伝記の日本語訳(複数ある場合は1点のみ)．

カエサル『ガリア戦記』: 高橋宏幸訳『ガリア戦記』岩波書店，2015年．

カエサル『内乱記』: 高橋宏幸訳『内乱記』岩波書店，2015年．

キケロー『アッティクス宛書簡集』: 根本和子・川崎義和・高橋英海・大芝芳弘訳『アッティクス宛書簡集』I・II(キケロー選集第13・14巻)，岩波書店，2000, 2001年．

キケロー『縁者・友人宛書簡集』: 高橋宏幸・五之治昌比呂・大西英文・兼利琢也・根本和子訳『縁者・友人宛書簡集』I・II(キケロー選集第15・16巻)，岩波書店，2002年．

スエートーニウス『ローマ皇帝伝』「神君ユーリウス伝」: 国原吉之助訳『ローマ皇帝伝』上「第1巻　カエサル」岩波文庫，

1986年.
プルータルコス『対比列伝』「カエサル伝」: 長谷川博隆訳「カエサル」村川堅太郎編『プルタルコス英雄伝』下, ちくま学芸文庫, 1996年(同巻には「クラッスス」「ポンペイウス」「キケロ」「アントニウス」も所収).

【3】その他の主な参考文献.

高橋宏幸『カエサル『ガリア戦記』歴史を刻む剣とペン』(書物誕生——あたらしい古典入門)岩波書店, 2009年.
テオドール・モムゼン, 長谷川博隆訳『ローマの歴史 IV——カエサルの時代』名古屋大学出版会, 2007年.
Butler, H. E. & M. Cary (ed. with commentary), with new Introduction, Bibliography and Additional Notes by G. B. Townend, *Suetonius: Divus Julius*, Bristol, 1982.
Carter, J. M., *Julius Caesar The Civil War: Books I & II*, Warminster, 1991.
Carter, J. M., *Julius Caesar The Civil War Books III*, Warminster, 1993.
Damon, C., *Caesar: Civil War*, Loeb Classical Library, 2016.
Dandelet, T. J., *The Renaissance of Empire in Early Modern Europe*, Cambridge, 2014.
Ewan, C., *Caesar: De Bello Gallico I*, Bristol, 1993 (1957).
Griffin, M. (ed.), *A Companion to Julius Caesar*, Malden, MA, 2009.
Grillo, L., *The Art of Caesar's Bellum Civile: Literature, Ideology and Community*, Cambridge, 2012.
Hering, W., *C. Iuli Caesaris Commentarii Rerum Gestarum:* Vol. I. *Bellum Gallicum*, Bibliotheca Teubneriana, 1987.
Pelling, C., *Plutarch: Caesar*, Oxford, 2011.
Shackleton Bailey, D. R., *Cicero's Letters to Atticus*, Vol. I–VII, Cambridge, 1965–1970.
Shackleton Bailey, D. R., *Cicero: Epistulae ad Familiares*, Vol. I & II, Cambridge, 1977.

Shackleton Bailey, D. R., *Cicero: Epistulae ad Quintum Fratrem et M. Brutum*, Cambridge, 1980.
Syme, R., *Sallust*, Berkeley, 1964.
Tatum, W. J., *Always I Am Caesar*, Oxford, 2008.

図版出典一覧

「地中海世界」(巻頭)……ロナルド・サイム『ローマ革命――共和政の崩壊とアウグストゥスの新体制』上・下，逸身喜一郎・小池和子・上野愼也・小林薫・兼利琢也・小池登訳，岩波書店，2013年所収の地図をもとに作成

「共和政末期ローマの国制」(巻頭)……『キケロー選集』全16巻，岩波書店，1999–2002年所収の図(大西英文氏作成)をもとに作成

第1章扉，図1–2，図1–3，図2–3，図6–1……Getty Images

図1–1，図2–1，第4章扉，図4–2，第5章扉……Miriam Griffin(ed.), *A Companion to Julius Caesar*, Wiley-Blackwell, 2009

第2章扉……Denis Feeney, *Caesar's Calendar: Ancient Time and the Beginnings of History*, University of California Press, 2007

図2–2……Bridgeman Images / amanaimages

第3章扉……Paul Harvey(ed.), *The Oxford Companion to Classical Literature*, Clarendon Press, 1937

図3–1……高橋宏幸訳『ガリア戦記』岩波書店，2015年所収の地図をもとに作成

図3–2，図3–3(一部改変)……F. W. Kelsey, *Caesar's Gallic War*, 9th ed., 1898

図3–4，図4–3……Public Domain

図4–1……高橋宏幸訳『内乱記』岩波書店，2015年所収の地図をもとに作成

図5–1，図5–2(4)……水谷智洋編著『ラテン語図解辞典――古代ローマの文化と風俗』研究社，2013年

図5–2(1〜3)……F. R. Cowell, *Everyday Life in Ancient Rome*, Putnam's, 1961

終章扉，図6–2……Kathryn Tempest, *Cicero: Politics and Persuasion in Ancient Rome*, Continuum, 2011

図6–3……Alison E. Cooley, *Res Gestae Divi Augusti*, Cambridge U. P., 2009